高等职业教育铁道运输类新形态一体化系列教材

铁路信号基础设备维护

王玉彩　王军峰◎主编

中国铁道出版社有限公司

2024年·北　京

内 容 简 介

本书为高等职业教育铁道运输类新形态一体化系列教材之一。全书采用项目引领、任务驱动组织方式，全面介绍了铁路信号基础设备检修与维护的相关内容，包括信号继电器检修、信号机维护、轨道电路维护、道岔转辙设备维护四个项目的内容。

本书主要作为高等职业教育铁道信号自动控制、高速铁路综合维修技术等专业教材，也可供现场工程技术人员和铁道信号设备维护人员学习参考。

图书在版编目(CIP)数据

铁路信号基础设备维护 / 王玉彩，王军峰主编. 北京 ：中国铁道出版社有限公司，2024. 8.--（高等职业教育铁道运输类新形态一体化系列教材）.-- ISBN 978-7-113-31426-2

Ⅰ. U284.92

中国国家版本馆 CIP 数据核字 2024VN1529 号

书　　名：铁路信号基础设备维护

作　　者：王玉彩　王军峰

策　　划：陈美玲

责任编辑：吕继函　　**编辑部电话：**(010)51873205　　**电子邮箱：**312705696@qq.com

封面设计：刘　莎

责任校对：安海燕

责任印制：樊启鹏

出版发行：中国铁道出版社有限公司(100054，北京市西城区右安门西街 8 号)

网　　址：http://www.tdpress.com

印　　刷：河北宝昌佳彩印刷有限公司

版　　次：2024 年 8 月第 1 版　2024 年 8 月第 1 次印刷

开　　本：787 mm×1 092 mm 1/16　**印张：**9.5　**字数：**237 千

书　　号：ISBN 978-7-113-31426-2

定　　价：33.00 元

前言

生命至上，安全第一，铁路行车安全更是重中之重。我国铁路的不断提速，铁路建设步伐不断加快，大量新技术、新工艺、新材料、新设备不断投入使用，对行车安全提出了新的要求。铁路信号基础设备维护的质量，直接影响着行车的安全与效率，铁路信号技术人员水平的高低是设备维护质量好坏的关键。在培养铁路信号技术人员的过程中，除了使其掌握设备的理论知识外，更重要的是使它们能够熟练掌握专业技能，正确测试、检修设备，及时准确地分析、判断和处理故障，这就迫切需要更加切合专业特色的教材，以适应现今铁路迅速发展形势。本书基于此而编写。

本书紧扣职业教育的特点，采用项目引领、任务驱动的编排方式，每个项目由若干个任务组成，每个任务包含任务实施、若干个学习活动及相应的活动评价、任务评价、练习与思考，在各个任务设备认知部分，设置了任务关联理论知识。

全书由四个项目构成，即信号继电器检修、信号机维护、轨道电路维护、道岔转辙设备维护，包含14个任务。学习过程强调学生主动参与，教师指导引领的理念，其内容系统完整，在提升学生综合素质和业务能力，强化岗位技能的培训方面，有着积极的作用。

本书由石家庄铁路职业技术学院王玉彩、王军峰任主编，石家庄铁路职业技术学院杨新伟、李伟、刘立荣任副主编，石家庄电务段刘新昌任主审，石家庄铁路职业技术学院常玮、李海燕参与编写。其中王军峰、常玮编写了项目一；王玉彩编写了项目二；杨新伟、李海燕编写了项目三；李伟、刘立荣编写了项目四。

由于编者水平及实践经验有限，加之铁路技术装备加快升级，书中难免有疏漏和不妥之处，敬请广大读者批评指正，以便修订完善。

编　者

2024年4月

目录

项目一 信号继电器检修

知识导图

- 信号继电器检修
  - 信号继电器认知
    - 信号继电器的工作原理
    - 继电器的作用
    - 信号继电器的型号表示方法
    - 常用信号继电器认知
  - 信号继电器电路连接
    - 励磁与自闭电路连接
    - 脉动偶电路连接
    - 偏极继电器电路连接
  - 信号继电器测试
    - JWXC-1700型继电器电气特性测试
    - JPXC-1000型继电器测试
    - JYJXC-135/220型继电器测试
    - JZXC-480型继电器测试
    - JSBXC-850型继电器时间特性测试

学习目标

知识目标

1. 掌握信号继电器的作用和工作原理。
2. 掌握各种信号继电器的结构、动作原理、图形符号和接点编号。
3. 掌握信号继电器电路的连接方法。
4. 掌握信号继电器的测试方法。

能力目标

1. 能够熟练识别各种继电器的类型、结构及图形符号。
2. 能够分析简单的继电电路。
3. 能够搭建常用的继电电路。

4. 能够按照标准化作业程序进行继电器的测试。

素质目标

1. 培养学生分析问题和解决问题的能力。
2. 树立"安全第一"的责任意识，培养其精益求精的工匠精神。
3. 具备吃苦耐劳、勇于创新、敢于创新的精神。
4. 善于与人沟通和交流，具有团队协作意识，善于总结经验。

项目描述

继电器是自动控制系统中常用的一种电磁开关，可接通和断开电路，用以发布控制命令和反映设备状态，从而构成各种自动控制和远程控制电路。各个领域的自动控制系统均采用继电器。铁路信号系统中广泛采用的各种继电器，统称为信号继电器，用它可构成逻辑电路或作为执行元件直接监督和控制列车的运行。继电器动作的可靠性直接影响信号系统的可靠性和安全性。通过本项目的学习应掌握常用信号继电器的结构、电路连接及测试方法，保证铁路信号控制系统可靠稳定工作，确保铁路运输安全。

任务一　信号继电器认知

【任务导入】

生活中我们经常看到一些大型机械在工作，它们工作电流可达几十安，甚至上百安，直接控制或操作是很危险的，那么，如何才能控制这些强大的电流呢？那就要用到继电器了。继电器是一种用小电流控制大电流的"自动开关"，它用于接通或断开电路，实现自动控制或远程控制。

在铁路信号系统中，继电器被大量使用，通过通断多条回路，实现对各种信号设备的控制，如信号机、转辙机等。信号继电器是铁路信号系统中重要的基础设备之一，它的动作直接影响信号系统的可靠性和安全性。信号继电器有哪些作用？常用的信号继电器有哪些？他们是如何表示的？下面带着问题来学习。

【任务目标】

1. 掌握信号继电器的作用和工作原理。
2. 掌握各种常用信号继电器的结构组成。
3. 掌握常用信号继电器的结构名称、图形符号和接点编号。
4. 能够识别常用的信号继电器。

【准备材料及工具】

各种型号继电器若干台：JWXC-1700、JWJXC-H125/80、JZXC-480、JYJXC-135/220、JPXC-1000、$JRJC_1$-70/240、JSBXC-850。

【任务实施】

学习【任务关联知识】相关内容后，按要求完成以下学习活动。

1. 区分继电器名称符号，写出表 1-1 中信号继电器的型号含义。

表 1-1　信号继电器的型号含义

继电器	型号含义
JWXC-1700	
JWJXC-H125/80	
JZXC-480	
JYJXC-135/220	
JPXC-1000	
$JRJC_1$-70/240	
JSBXC-850	

2. 识别继电器内部结构，对图 1-1 所示信号继电器部件进行标注。

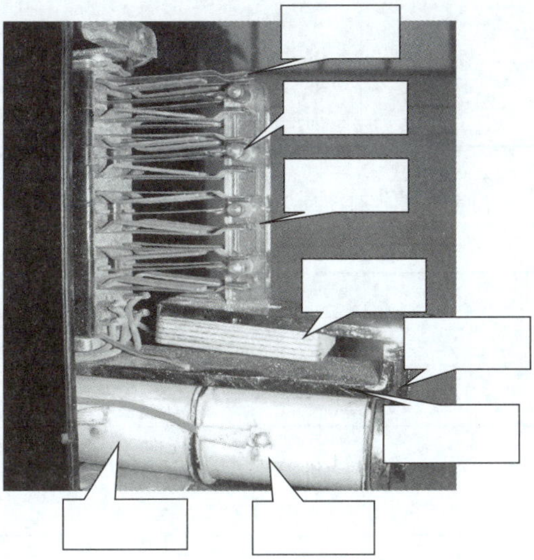

图 1-1　信号继电器

3. 仔细观察继电器的外观，识别表 1-2 中各常用信号继电器的类型及状态，填入表中。

表 1-2　常用继电器类型

继电器			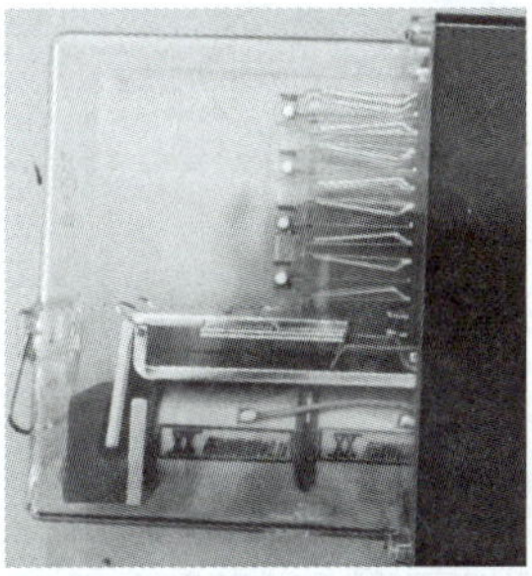

类型及状态	是否有永久磁铁____，如有标出位置。 重锤片数量：______。 继电器状态：______。 继电器类型：______。 加强接点数量：______	是否有永久磁铁____，如有标出位置。 重锤片数量：______。 继电器状态：______。 继电器类型：______。 加强接点数量：______	是否有永久磁铁____，如有标出位置。 重锤片数量：______。 继电器状态：______。 继电器类型：______。 加强接点数量：______
继电器		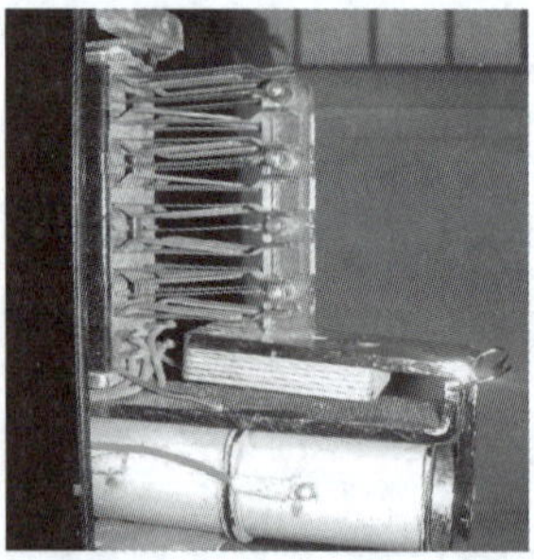	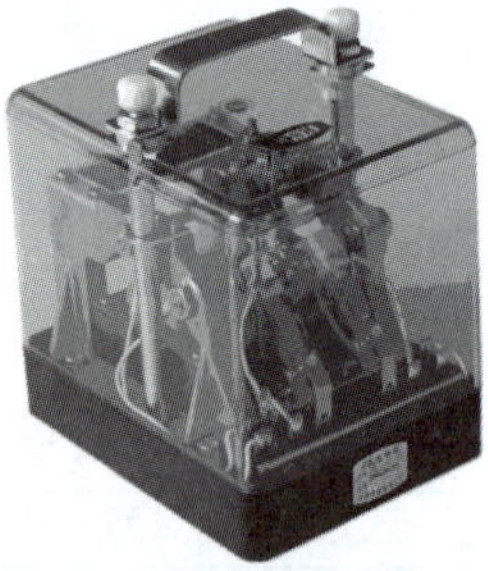
类型及状态	是否有永久磁铁____，如有标出位置。 重锤片数量：______。 继电器状态：______。 继电器类型：______。 加强接点数量：______	是否有永久磁铁____，如有标出位置。 重锤片数量：______。 继电器状态：______。 继电器类型：______。 加强接点数量：______	是否有永久磁铁____，如有标出位置。 重锤片数量：______。 继电器状态：______。 继电器类型：______。 加强接点数量：______

4. 识别信号继电器线圈符号，填写在表 1-3 中。

表 1-3　常用继电器类型

线圈	继电器类型
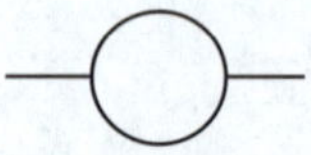	

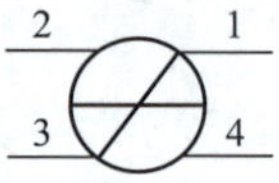	
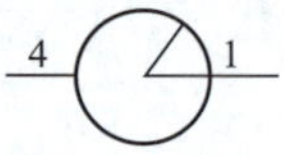	
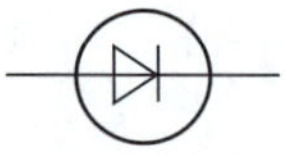	
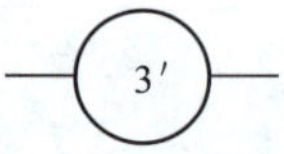	
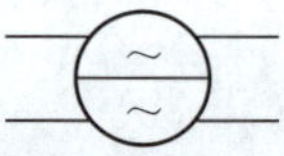	

【活动评价】

在学习完各种信号继电器结构认知后，每组派两位代表完成以上考核内容，相邻组派一名组员根据活动评分表 1-4 监督评分，事后监督员说出扣分缘由。

表 1-4　活动评分表

序号	主要内容	考核要求	配分	评分标准	得分
1	信号继电器的型号含义认知	能够区分继电器名称符号，正确写出信号继电器的型号含义	21	未能正确写出信号继电器的型号含义，每项扣 3 分，共 21 分	
2	信号继电器部件标注	能够识别继电器内部结构，正确指出信号继电器各部件名称	16	未能够正确指出信号继电器各部件名称，每项扣 2 分，共 16 分	
3	常用信号继电器类型及状态识别	能够识别继电器外观，正确说出常用信号继电器类型及状态	42	未能正确说出常用信号继电器类型及状态，每项扣 7 分，共 42 分	
4	信号继电器线圈符号识别	能够正确写出信号继电器线圈符号含义	21	未能正确写出信号继电器线圈符号含义，每项扣 3 分，共 21 分	
合计（总分）				小组编号	

【任务关联知识】

一、信号继电器的工作原理

在信号继电器中，绝大部分都是电磁继电器。电磁继电器由电磁系统和接点系统两部分组成。其中，电磁系统由线圈、固定的铁芯、轭铁、可动的衔铁构成，接点系统由动接点和静接点构成。最简单的电磁继电器如图 1-2 所示。

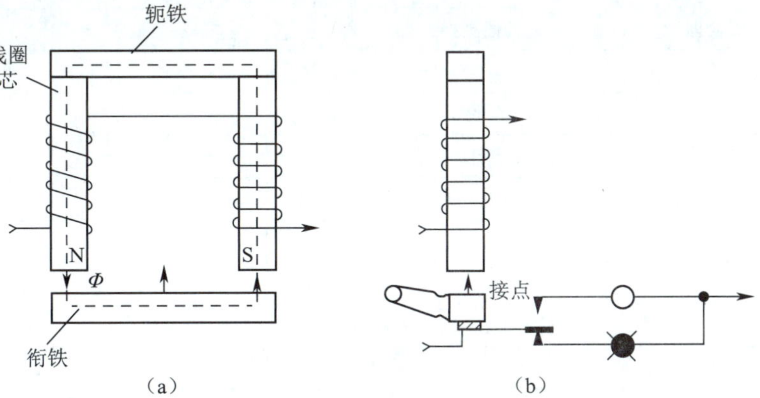

图 1-2　最简单的电磁继电器

当线圈中通以一定数值电流后，在衔铁和线圈之间产生一定数量的磁通，该磁通经铁芯、衔铁、轭铁和气隙形成闭合的回路，铁芯对衔铁产生吸力，吸引力的大小取决于电流的大小。当电流增大到一定数值，吸引力增大到克服衔铁自重时，衔铁就被吸向铁芯。由衔铁带动的动接点也随之动作，与前接点接通，称为继电器励磁吸起（简称吸起）。

当电流减小时，吸引力随电流的减小而减小，当吸引力减小到不足以克服衔铁重力时，衔铁靠重力落下。衔铁带动动接点与前接点断开，与后接点接通，称为继电器失磁落下（简称落下）。

可见，继电器具有开关特性，利用其接点的通、断，可以构成各种控制和表示电路。

二、继电器的作用

继电器能以极小的电信号控制执行电路中大功率设备，能够控制数个对象和数个回路，也能控制远距离的对象。如控制室外信号机点灯、控制转辙机转换道岔等在以继电技术构成的系统中被大量使用。在以电子元件和计算机构成的系统中，继电器作为接口部件，将系统主机与信号机、轨道电路、转辙机等执行部件结合起来。

三、信号继电器的型号表示方法

信号继电器的型号用汉字拼音字母和数字表示，字母表示继电器的类型，数字表示线圈的电阻值（单位：Ω）。举例如下：

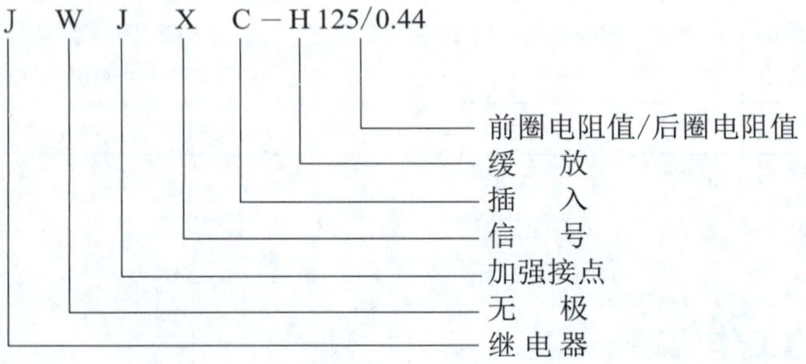

常用信号继电器的含义见表 1-5。

表 1-5　继电器代号字母的含义

代号	含　义		代号	含　义	
	安全型	其他类型		安全型	其他类型
A	—	安全	R	—	二元
B	—	半导体	S	—	时间、灯丝、双门
C	插入	插入、传输、差动	T	—	通用、弹力
D	—	单门、动态	W	无极	—
DB	单闭磁	—	X	信号	信号、小型
H	缓放	缓放	Y	有极	—
J	继电器、加强接点	继电器、加强接点、交流	Z	整流	整流、转换
P	偏极	—	—	—	—

四、常用信号继电器认知

我国铁路信号中应用最为广泛的是 AX 系列继电器，其作为安全型继电器是直流 24 V 的重弹力式电磁继电器，其基本结构是无极继电器。其他类型继电器都由无极继电器派生而出，它们中的绝大部分零件能通用。继电器分为插入式和非插入式两种。插入式多为单独使用，非插入式常使用于有防尘外壳的组匣中。两者的区别仅在于，插入式继电器带有透明性很好的外罩，用以密封防尘，同时为了与插座配合使用，插入式继电器安装在胶木底座上。在实际使用中，为便于维修，多采用插入式继电器。

1. 无极继电器

无极继电器主要有 JWXC-1700、JWXC-2000、JWXC-1000、JWXC-7、JWXC-2.3、JWXC-370/480 等型号，其中 JWXC-1700 型继电器是最常用的无极继电器。

(1)无极继电器的结构

无极继电器由电磁系统和接点系统两大部分组成，具体结构如图 1-3 所示。

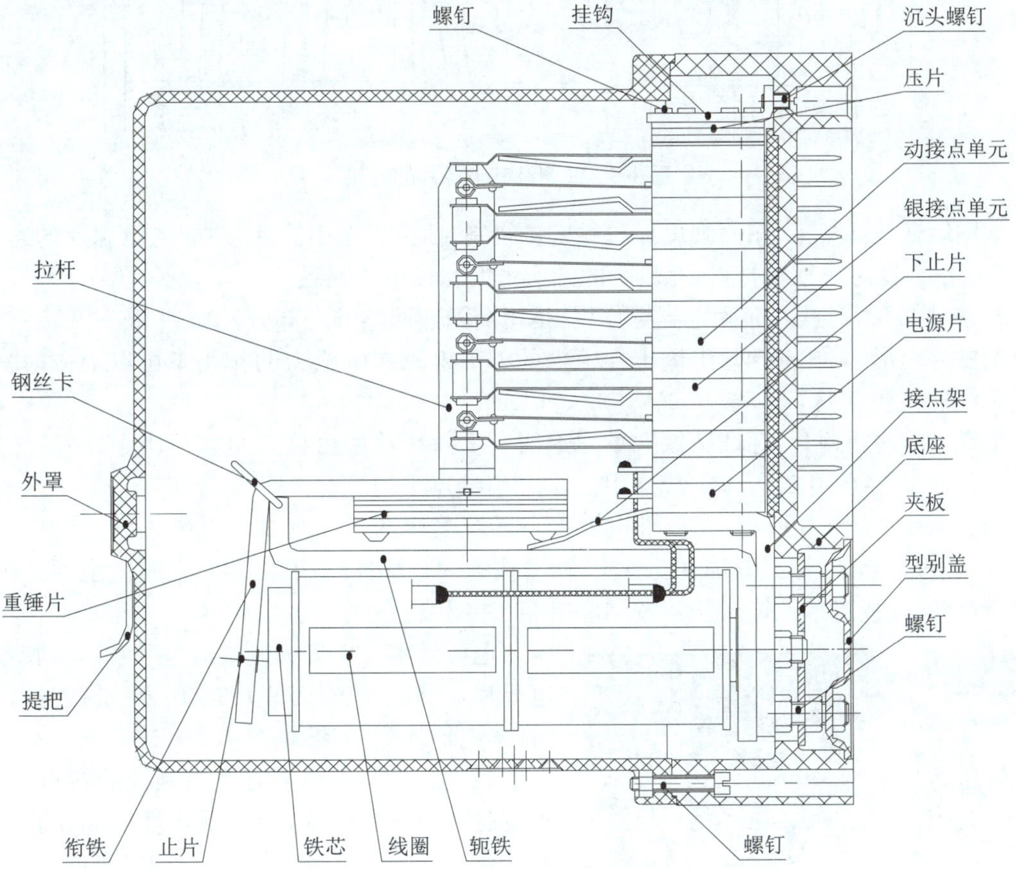

图 1-3　无极继电器的结构

电磁系统由线圈、铁芯、轭铁、角形衔铁、重锤片、止片等构成，如图 1-4 所示。

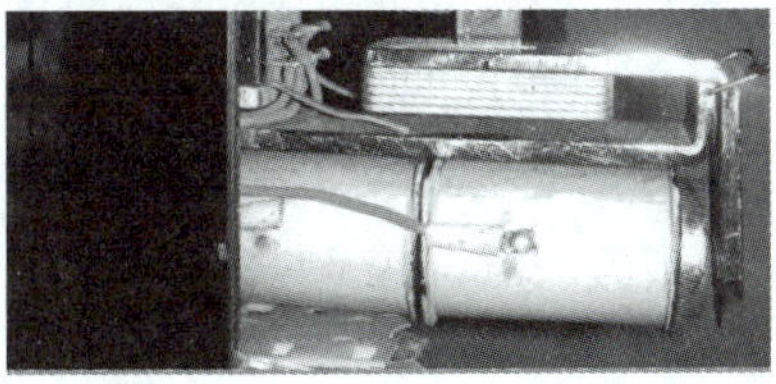

(a)

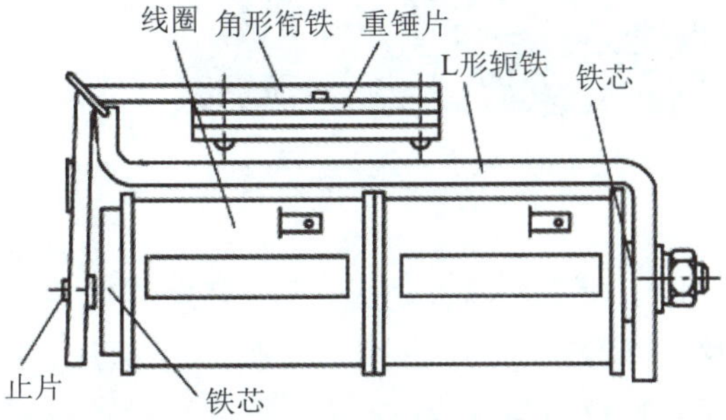

(b)

图 1-4　无极继电器的电磁系统

线圈水平安装在铁芯上，通电后产生均匀的电磁场，每个无极继电器有两个线圈，分别是前圈和后圈(前圈用 3-4 表示，后圈用 1-2 表示)，根据需要可以单线圈控制、双线圈串联控制或双线圈并联控制。线圈及其电源片的连接如图 1-5 所示。

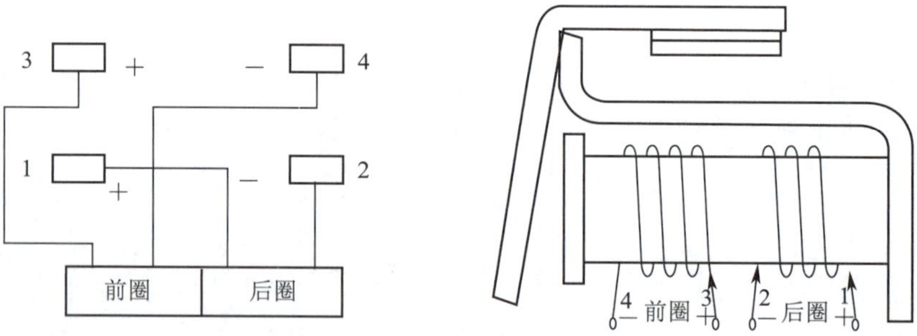

图 1-5　线圈及其电源片的连接

线圈绕在线圈架上，用高强度漆包线密排绕制，抽头焊有引线片，线圈与电源片的连接如图 1-5 所示。铁芯是软磁材料，有较高的磁通密度和较小的剩磁。

轭铁呈 L 形，对铁芯起固定支撑作用，是闭合磁通回路的一部分。

衔铁为角形，靠蝶形钢丝卡固定在轭铁的刀刃上。在电磁力的作用下可以动作，并带动接点系统的动接点上下移动。

衔铁上铆有重锤片，保证衔铁靠重力返回。重锤片数量由接点组多少决定，一般 8 组接点用 3 片，6 组接点用 2 片，4 组接点用 1 片，2 组接点不用。

接点系统如图 1-6 所示，无极继电器接点系统采用两排纵列式联动结构，处于电磁系统的上方，通过接点架、螺钉紧固在轭铁上，两者成为一个整体。用螺钉将下止片、电源片单元、银接点单元、动接点单元以及压片按顺序组装在接点架上。

图 1-6　接点系统

电源片单元由黄铜制成的电源片压在胶木内。电源片一端(继电器内侧)和继电器线圈连接，另一端(继电器外侧)与继电器插座相连。

银接点单元由锡磷青铜带制成的接点片与由黄铜制成的托片组成，两组对称地压制在胶木内，在接点簧片的端部焊有银接点(前接点或后接点)。接点接触时碰撞会产生颤动，颤动将形成电弧，对接点有较大的破坏作用，为消除这种颤动必须设置托片。

动接点单元由锡磷青铜带制成的动接点簧片与黄铜板制成的补助片组成，它们压制在酚醛塑料胶木内。动接点簧片端部焊有动接点，动接点由银氧化镉制成。

下止片由锡磷青铜板制成，外层镀镍，它在衔铁落下时起限位作用。

压片由弹簧钢板冲压成弓形，分上、下两片，其作用是保证接点组的稳固性。

拉杆一般由塑料制成，拉杆上设有绝缘轴，动接点轴套在拉杆的绝缘轴上。衔铁通过拉杆带动接点组动作。

绝缘轴用冻石瓷料制成，抗冲击强度足够。动接点轴由锡磷青铜线制成。

接点架由钢板制成，用螺钉与扼铁固定，保证接点架不变位。

继电器通过挂钩、夹板和螺钉固定在底座上，阻燃外罩通过螺钉固定在底座上。为防止继电器错误插接设有型别盖。

(2)无极继电器的工作原理

如图1-7所示，线圈不通电时，无极继电器靠重锤片产生的重力，保持落下状态。在线圈上加上直流电压 F_j 后，线圈中的电流 I 使铁芯磁化，在铁芯内产生工作磁通 Φ，它由铁芯极靴处经过主工作气隙 δ 进入衔铁，又经过第二工作气隙 δ' 进入轭铁，最后回到铁芯，形成一闭合磁路。在工作气隙 δ 处，由于磁通 Φ 的作用，使铁芯对衔铁产生电磁吸引力 F_D，当此吸引力大到足以克服重锤片和拉杆等重力时，衔铁吸向铁芯，衔铁的另一端固定在拉杆上，衔铁向上运动，拉杆带动动接点向上运动，从而看到，动接点与后接点断开，然后向上运动，最后动接点与前接点闭合，这样继电器就完成了由落下到吸起的动作过程，此时继电器处于励磁吸起状态，如图1-8(a)所示。

当线圈中的电流逐渐减少或断电时，铁芯中的磁通按一定规律随之减小，吸引力也随之减小。当电流小到一定值时，它所产生的吸引力不足以克服重锤片和拉杆的重力时，衔铁离开铁芯而被释放。此时拉杆带动动接点动作，使前接点断开，后接点闭合。此时称为失磁落下状态，如图1-8(b)所示。

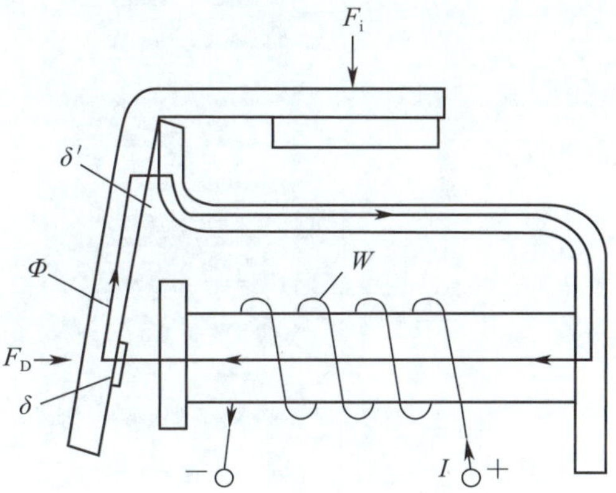

图1-7　无极继电器磁路

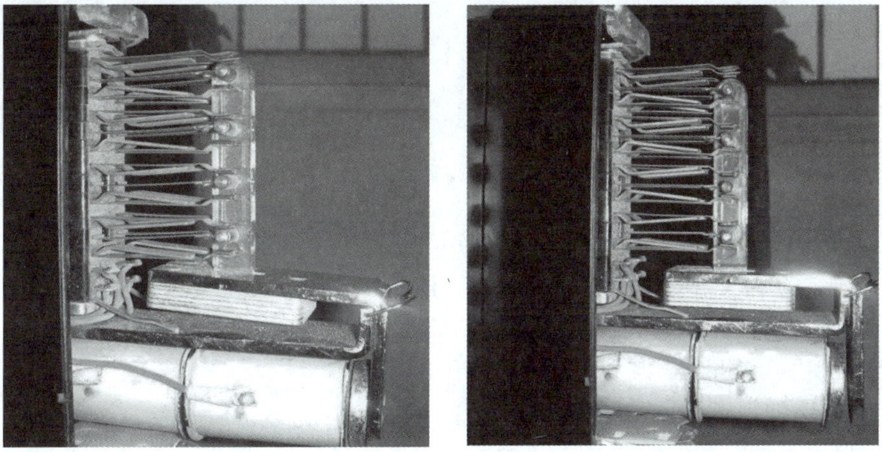

(a) 吸起状态　　(b) 落下状态

图1-8　无极继电器状态

无极继电器使用直流电，对电源的极性没有要求，继电器的动作与通入线圈的电流方向无关，这就是继电器名称"无极"的含义。

(3)无极继电器在电路中的连接方法

图1-9为无极继电器的接点编号；图1-10为继电器插座实物，从继电器后面看，无极继电

器的接点左边有1、3、5、7共4组接点，右边有2、4、6、8共4组接点，每组接点中1为动接点，2为前接点，3为后接点。在连接电路时，各组接点可以用于不同电路中。1和2是继电器的后圈电源片，3和4是继电器前圈电源片。无极继电器线圈串联时，将2、3短接，使用1、4。在使用自闭电路时，两线圈分开使用，3、4电源片连接励磁电路，1、2电源片连接自闭电路。

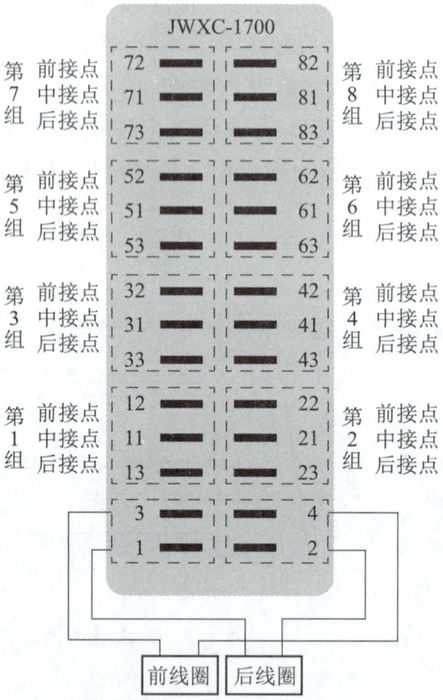

图 1-9　无极继电器的接点编号

图 1-10　继电器插座实物

(4)无极继电器图形符号

无极继电器的线圈符号如图1-11(a)所示；无极继电器的接点符号如图1-11(b)所示。

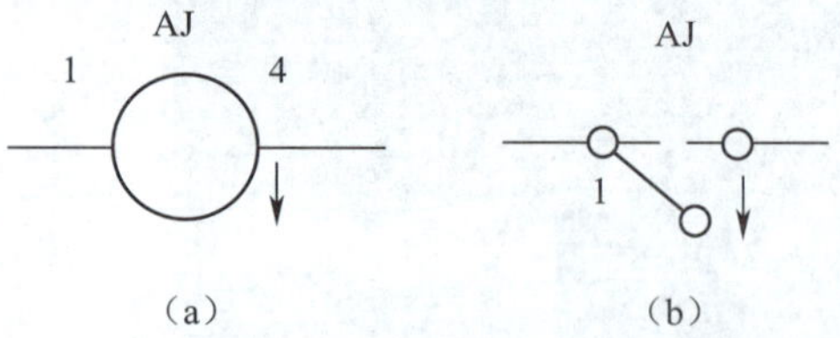

图 1-11　无极继电器图形符号

2. 无极加强接点继电器

加强接点继电器的加强接点具有通断较大功率信号电路的能力。无极加强接点继电器有JWJXC-480、JWJXC-H125/0.44、JWJXC-H125/80、JWJXC-H125/0.13、JWJXC-H120/0.17、JWJXC-H80/0.06等型号。

(1)无极加强接点继电器的结构

无极加强接点继电器的电磁系统与无极继电器大体相同，接点系统由两组普通接点和两组加强接点组成，表示为2QH和2QHJ。普通接点与无极继电器相同，加强接点则具有特殊设计的大功率接点和磁熄(吹)弧器。

无极加强接点继电器的接点系统如图1-12所示。它的普通接点与无极继电器相同。加强接点组由加强动接点单元和带磁(吹)弧器的加强接点单元组成。为保证加强接点的安装空间，达到熄灭接点电弧的目的(熄灭电弧或火花的一种方法)，前、动、后接点间增加了空白单元。

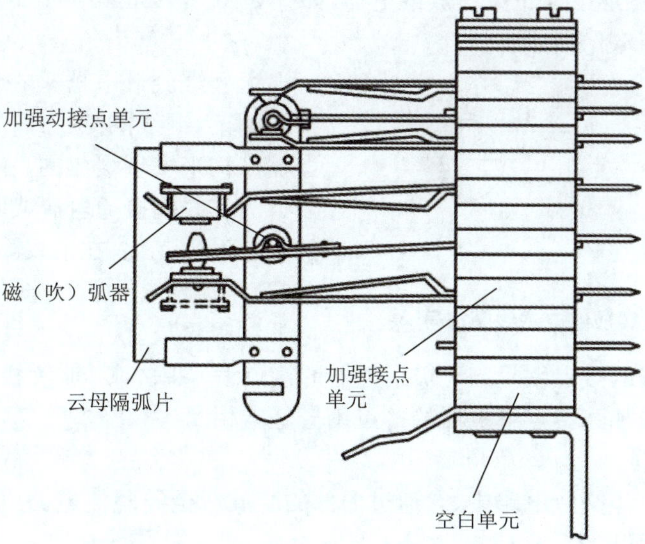

图 1-12　无极加强接点继电器的接点系统

(2)无极加强接点继电器图形符号

无极加强接点继电器的线圈符号是在无极继电器的基础上加一条粗实线，如图 1-13 所示。接点符号与无极继电器的接点符号相同。

(3)无极加强接点继电器的接点编号

无极加强接点继电器有两组加强接点、两组普通接点，它用的插座与无极继电器用的插座相同，但接点编号与普通无极继电器完全不同。如图 1-14 所示，电源片上移了一个位置，加强接点与电源片之间、加强接点与加强接点之间、加强接点与普通接点之间增加了一个空白单元，即加大了接点之间的距离。JWJXC-480 型等继电器的接点编号基本相同。

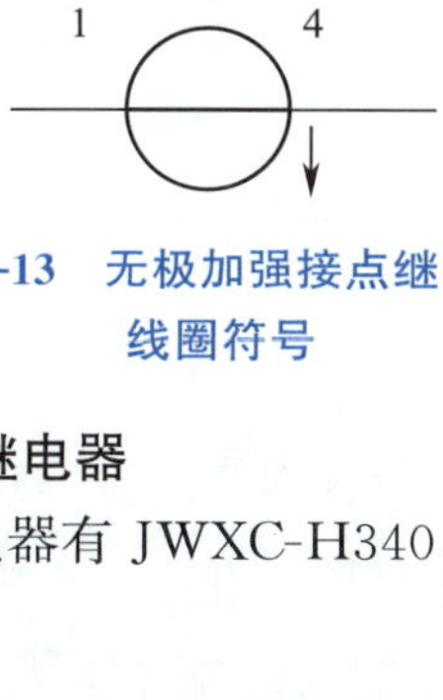

图 1-13　无极加强接点继电器线圈符号

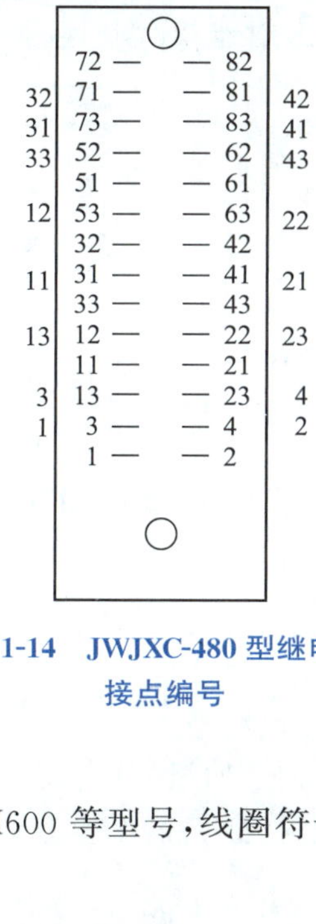

图 1-14　JWJXC-480 型继电器接点编号

3. 无极缓放继电器

无极缓放继电器有 JWXC-H340、JWXC-H600 等型号，线圈符号如图 1-15(a)所示。当然，有的无极加强接点继电器也是缓放继电器，如JWJXC-H125/0.44、JWJXC-H125/80等型号，线圈符号如图1-15(b)所示。

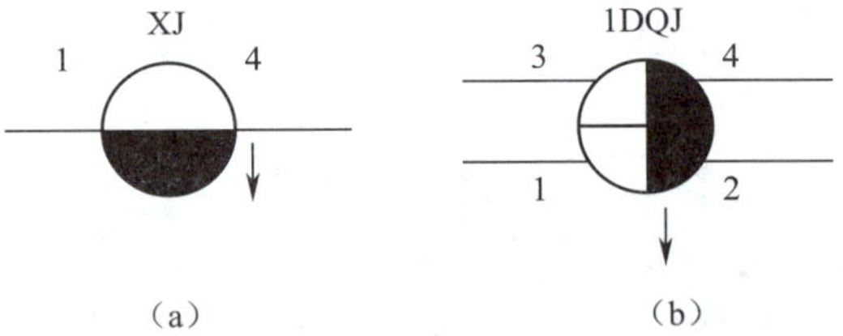

图1-15　无极缓放继电器线圈符号

无极缓放继电器是在继电器的铁芯上套铜线圈架，铜线圈架上绕线圈，从而改变了继电器结构来实现缓放的。

当其线圈接通电源或断开电源时，铁芯中的磁通发生变化，在铜线圈架中产生感应电流(涡流)，使铁芯中的磁通变化减慢，从而使继电器缓吸缓放。

无极缓放继电器的接点编号与无极继电器的接点编号基本相同，无极缓放加强接点继电器的接点编号与无极加强接点继电器的接点编号基本相同。

4. 整流式继电器

整流式继电器用于交流电路中，它通过内部的半波或全波整流电路将交流电变为直流电而动作，仍属于直流继电器。

(1)整流式继电器的结构

整流式继电器的电磁系统、接点系统与无极继电器基本相同，零部件全部通用，只是接点编号有区别。整流式继电器只是在无极继电器结构基础上减少了接点组数量，腾出空间安放整流电路。也就是说，整流式继电器是由无极继电器和整流电路构成的。

整流式继电器有JZXC-480、JZXC-0.14、JZXC-H18及派生的JZXC-H18F JZXC-16/16等型号。其中，JZXC-480型用于工频交流轨道电路，JZXC-H18型、JZXC-18F型、JZXC-16/16型、JZXC-0.14型用于信号机点灯电路。

多数整流式继电器的线圈与电源片连接如图1-16所示。在使用时，JZXC-480、JZXC-H18等要求在继电器插座上将1、4封连，整流继电器线圈使用的3-2线圈，3为"+"，2为"−"。继电器的53和63或73和83为交流电的输入端，在继电器线圈符号上一般简写为5、6或7、8；JZXC-0.14的1、3封连，2、4封连。

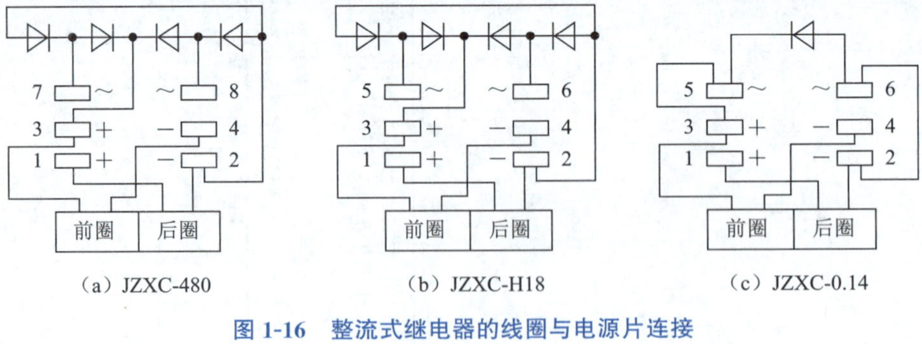

图1-16　整流式继电器的线圈与电源片连接

(2)整流式继电器图形符号

整流式继电器的线圈符号是在无极继电器线圈符号的基础上加一个二极管符号，如图1-17所示。接点符号与无极继电器相同。

(3)整流式继电器的接点编号

整流式继电器的接点编号如图1-18所示，JZXC-480型继电器的交流输入端为73、83，有4组前后接点、2组前接点。JZXC-H18等型继电器的交流输入端为53、63，有4组前后接点。

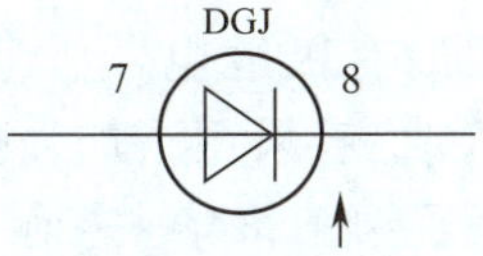

图 1-17　整流式继电器的线圈符号

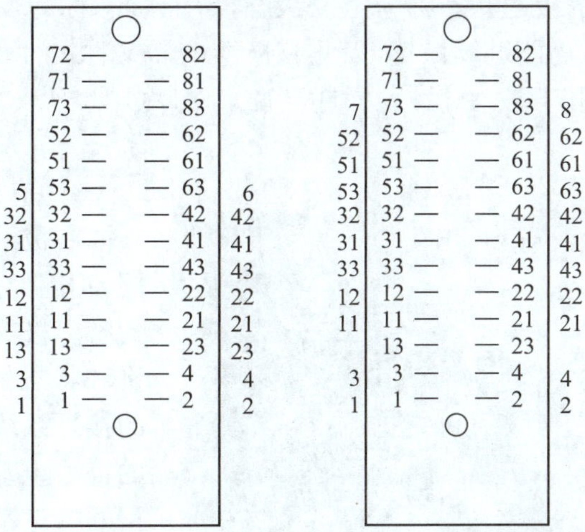

（a）JZXC-H18　　（b）JZXC-480

图 1-18　整流式继电器的接点编号

5. 偏极继电器

偏极继电器具有鉴别电流极性的性能，一般使用在道岔表示电路及半自动闭塞电路中，常见的偏极继电器是 JPXC-1000 型。偏极继电器与无极继电器不同，衔铁的吸起与线圈中电流的极性有关，只有通过规定方向的电流（1＋，4－）时，衔铁才吸起，而电流方向相反时，衔铁不动作，从而偏极继电器具有极性鉴别的能力。

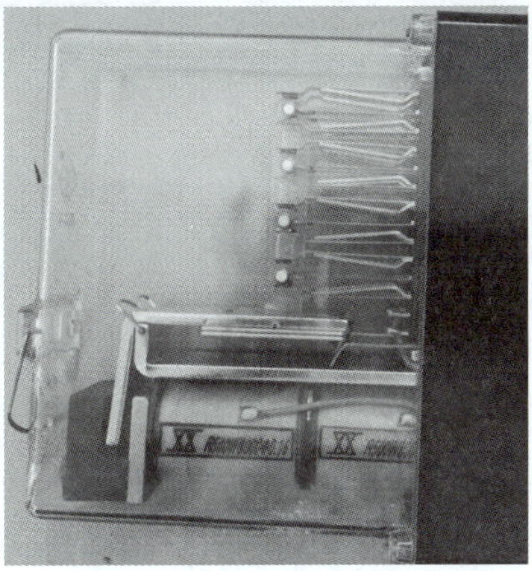

图 1-19　偏极继电器

偏极继电器又不同于有极继电器，它只有一种稳态，即衔铁靠电磁力吸起后，断电就落下，落下是稳定状态。

（1）偏极继电器的结构

偏极继电器的磁系统与无极继电器基本相同，如图 1-19 所示。但铁芯的极靴是方形的，在方极靴下方用两个螺钉固定 L 形永久磁铁，使衔铁处于极靴和永久磁铁之间，受永磁力的作用偏于落下位置。

偏极继电器接点系统与无极继电器完全相同，一般有 8 组前后接点。

（2）偏极继电器的接法

偏极继电器的线圈符号如图 1-20 所示。

偏极继电器接点的使用与无极继电器相同。以 JPXC-1000 型继电器为例，其两个线圈为串联连接方式，在内部已经将 2、3 电源片连接，使用时只需连接 1、4 电源片，并且只有电源片 1 接电源正极，4 接电源负极时，继电器才能吸起。否则，继电器处于落下状态。

（a）　　（b）

图 1-20　偏极继电器线圈符号

6. 有极继电器

有极继电器是根据线圈中电流极性不同具有定位和反位两种稳定状态，有极继电器的吸起状态称为定位状态，落下状态称为反位状态，这两种稳定状态在线圈中电流消失后，仍能继续保持，因此有极继电器又称极性保持继电器。常用的有极继电器JYXC-270型用于改变运行方向电路，JYJXC-135/220型、JYJXC-160/260型用于道岔控制电路。

图1-21　有极继电器

(1)有极继电器的结构

有极继电器的电磁系统与无极继电器基本相同，不同的是用一块端部呈刃形的长条形永久磁钢代替无极继电器的部分轭铁，实现线圈电流极性鉴别和状态保持的功能，如图1-21所示。有极继电器的接点系统与无极继电器相同。为了通断功率较大的信号电流，改进型的有极继电器JYJXC-135/220型的接点系统有较大改变，采用了加强接点，接点片加厚，动接点片改为面接触，以增大接触面积。

(2)有极继电器的图形符号

有极继电器的线圈符号如图1-22所示，符号中没有箭头，其中图1-22(a)为普通有极继电器，如JYXC-270型；图1-22(b)为有极加强接点继电器，如JYJXC-3000型；图1-22(c)为有极加强接点分圈使用的继电器，如JYJXC-135/220型、JYJXC-160/260型等。

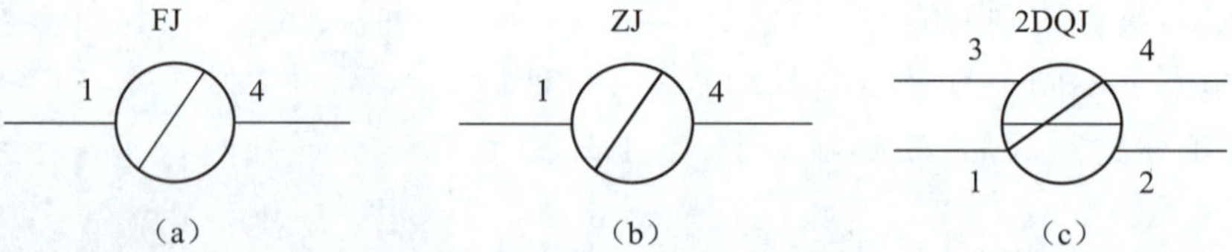

图1-22　有极继电器的线圈符号

(3)有极继电器的接点编号

有极继电器的接点编号如图1-23所示，图1-23(a)为普通有极继电器的接点编号；图1-23(b)为有极加强接点继电器的接点编号。

7. 时间继电器

(1)时间继电器的结构

时间继电器是一种缓吸继电器，如图1-24所示，由时间控制单元(电子延时电路)与JWXC-370/480型无极继电器组合而成，可以获得180 s、30 s、13 s、3 s等延时时间，以满足各种信号电路的需要。时间控制单元装在印制电路板上，安装在接点组的上方。信号电路中常用的时间继电器为JSBXC-850型、$JSBXC_1$-850型，与无极继电器一样，插在普通继电器的插座上使用。

时间继电器的180 s一般用于接车进路和正线发车进路的人工延时解锁、中间出岔解锁；30 s用于侧线发车进路、调车进路的人工延时解锁、非进路调车进路解锁、道岔控制电路；13 s用于道岔表示报警电路、道岔控制电路；3 s用于灯丝断丝等报警电路。

JSBXC-850型时间继电器采用RC延时电路，利用接入不同阻值的电阻从而使电容充电时间不同实现延时，而 JSBXC$_1$-850 型可编程时间继电器采用微电子技术，通过单片机软件设定不同的延时时间。

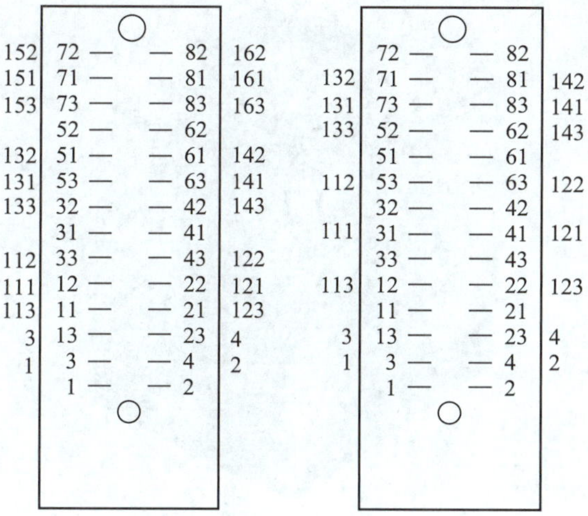

（a）JZXC-660　　（b）JYJXC-135/220 JYJXC-160/260

图 1-23　有极继电器的接点编号

图 1-24　时间继电器

（2）时间继电器的图形符号

时间继电器的线圈符号如图 1-25 所示，在空心圆中表示的是该继电器的延时时间。

（3）时间继电器的接点配置

73 接电源正极，62 接电源负极；51 按所需时间分别接 52、61、63、83；1 接 81；2 接 13；3 接 71；4 接 23；11 接 51；12 接 53。该继电器可供使用的只有第 3 组、第 4 组两组接点组和第 2 组前接点。

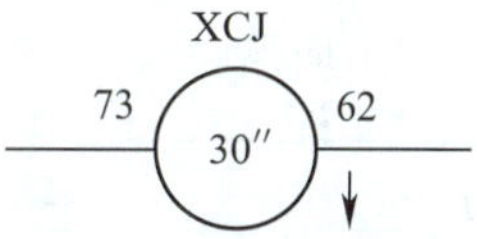

图 1-25　时间继电器线圈符号

8. 交流二元继电器

交流二元继电器是一种交流感应继电器。这里的二元是指有两个互相独立又互相作用的交变电磁系统，根据电源的频率不同，交流二元继电器分为 25 Hz 和 50 Hz 两种。

铁路现场应用的主要是 25 Hz 交流二元继电器，在电气化牵引区段为了防止牵引电流对轨道电路工作的干扰，采用 25 Hz 相敏轨道电路，其中的轨道继电器采用 JRJC-66/345 型和 JRJC$_1$-70/240 型二元继电器，具有可靠的相位选择性和频率选择性。

50 Hz 交流二元继电器主要用于直流牵引区段的轨道电路中作为轨道继电器。两者只是线圈参数有所不同，以适应不同频率的需要，结构和动作原理基本相同。

（1）交流二元继电器的结构

JRJC$_1$-70/240 型交流二元继电器是在 JRJC-65/345 的基础上对结构进行改进而设计的。它的结构如图 1-26(a)所示，实物如图 1-26(b)所示，由电磁系统、翼板、接点等主要部件组成。

电磁系统包括局部电磁系统和轨道电磁系统。局部电磁系统由局部铁芯和局部线圈组成。轨道电磁系统由轨道铁芯和轨道线圈组成。

翼板是将电磁系统的能量转换为机械能的关键部件。翼板由 1.2 mm 厚的铝板冲裁而成，安装在主轴上。翼片尾端安装有重锤螺母，对翼板起平衡作用，在翼板一侧的主轴上还安

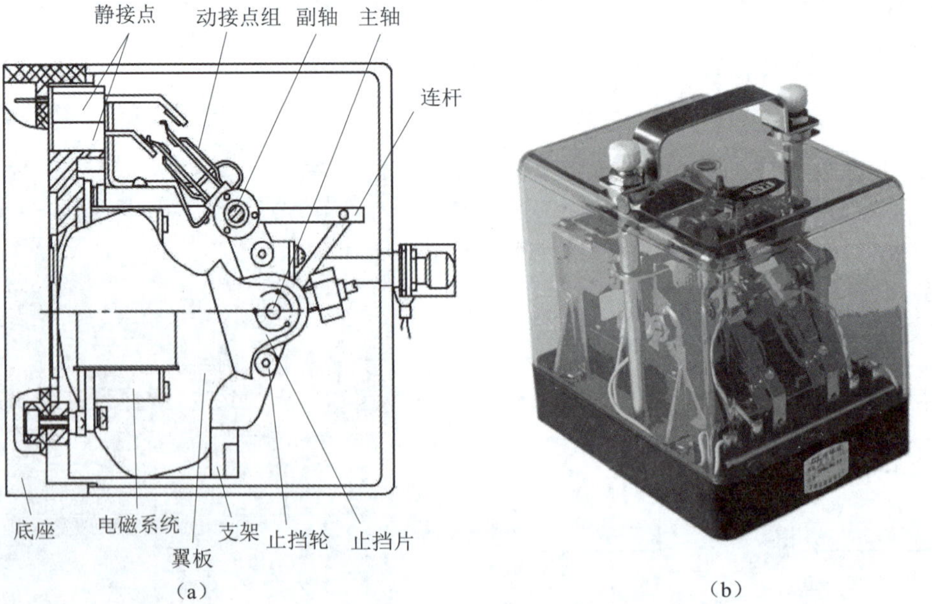

图 1-26　JRJC$_1$-70/240 型继电器结构

装一块 2.0 mm 厚由钢板制成的止挡片，与轴成一个整体，使翼板转至上、下极端位置时受到限制。

动接点固定在副轴上，主轴通过连杆带动副轴上的动杆单元使动接点动作，接点编号如图 1-27 所示。

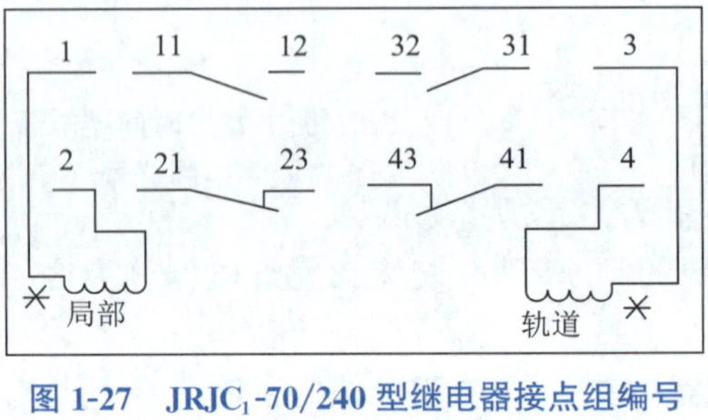

图 1-27　JRJC$_1$-70/240 型继电器接点组编号

JRJC$_1$-70/240 型继电器，需要占两个安全型继电器的位置，其中 70 为轨道线圈电阻值，240 为局部线圈电阻值。

(2)交流二元继电器相位选择性和频率选择性

JRJC$_1$-70/240 插入式交流二元继电器是属于交流感应式继电器，它是根据电磁铁所建立的交变磁场与翼板中感应电流之间相互作用的原理而动作的。该继电器的最大特点是具有可靠的相位选择性和频率选择性，抗干扰能力强。

①相位选择性

只有当交流二元继电器通以规定的频率的电流，且局部线圈电压相位超前轨道线圈电压相位 90°角时，翼板抬起，使继电器吸起；当局部线圈或轨道线圈断电时，依靠翼板和附件的重量使继电器处于落下状态。

②频率选择性

对于电气化牵引区段，当牵引电流不平衡时，将有 50 Hz 电压加在轨道线圈上，这时所产生的转矩力在一个周期内平均值为零，即轨道线圈混入干扰电流与固定的 25 Hz 局部电流相作用，翼板不产生转矩，不能使继电器误动。同时，由于翼板的惯性较大，使继电器缓动，跟不上转矩力变化的速率，使继电器保持原来的位置而不致误动。也就是说，交流二元继电器只有通入 25 Hz 交流电时，继电器才能吸起，这就是交流二元继电器的频率选择性。

(3)交流二元继电器的图形符号

交流二元继电器的线圈符号如图 1-28 所示，其中 3-4 线圈为轨道线圈，1-2 线圈为局部线圈，其接点符号与无极继电器相同。

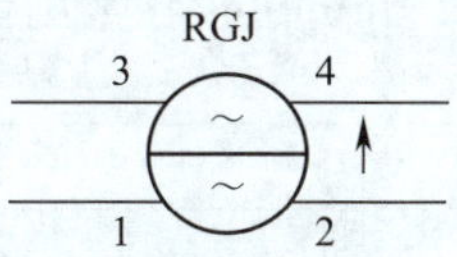

图 1-28　交流二元继电器的线圈符号

【任务评价】

<table>
<tr><td colspan="2">项目名称</td><td></td><td>任务名称</td><td colspan="2"></td></tr>
<tr><td colspan="2">小组成员</td><td></td><td>综合评分</td><td colspan="2"></td></tr>
<tr><td rowspan="11">学生自评</td><td colspan="5">理论任务完成情况</td></tr>
<tr><td>序号</td><td>知识考核点</td><td colspan="2">自评意见</td><td>自评结果</td></tr>
<tr><td>1</td><td></td><td colspan="2"></td><td></td></tr>
<tr><td>2</td><td></td><td colspan="2"></td><td></td></tr>
<tr><td>3</td><td></td><td colspan="2"></td><td></td></tr>
<tr><td>4</td><td></td><td colspan="2"></td><td></td></tr>
<tr><td>5</td><td></td><td colspan="2"></td><td></td></tr>
<tr><td>6</td><td></td><td colspan="2"></td><td></td></tr>
<tr><td>7</td><td></td><td colspan="2"></td><td></td></tr>
<tr><td>8</td><td></td><td colspan="2"></td><td></td></tr>
<tr><td>9</td><td></td><td colspan="2"></td><td></td></tr>
<tr><td>学习小组评价</td><td colspan="5">学习效率□　信息获取能力□　交流沟通能力□
(根据完成任务情况填写：A 优秀；B 良好；C 合格；D 有待改进)</td></tr>
<tr><td>教师评价</td><td colspan="5"></td></tr>
</table>

【练习与思考】

1. 无极加强继电器结构上有何特点？

2. 简述无极继电器的工作原理。

3. 分析比较各常用信号继电器与无极继电器的异同点。

任务二　信号继电器电路连接

【任务导入】

在信号控制电路中利用继电器接点通断，控制信号机点灯、转辙机转换等。常用的信号继电器如何进行电路连接？线圈、接点间有怎样的控制关系？本任务通过搭接实际电路来学习继电器的连接方法。

【任务目标】

1. 掌握继电器的简单接线方法。
2. 掌握继电器线圈、接点的控制关系以及接点的编号与使用。

【准备材料及工具】

24 V 直流稳压电源、继电器（JWXC-1700、JWXC-H340、JPXC-1000）、若干导线、单刀及双刀双掷开关、干电池、指示灯。

【任务实施】

按要求完成电路连接，观察各继电器动作及表示灯的指示，做好记录，填写在表 1-6 中。

表 1-6　表示灯状态记录

实验内容	BD1 状态	BD2 状态

【活动过程】

一、励磁与自闭电路连接

继电器线圈串联、分开使用是继电器线圈最常用的两种方法，线圈串联指线圈连接 2、3 端子，使用 1、4 端子；线圈分开连接指分别将 1、2 端子与 3、4 端子连接在不同电路中。自闭电路是利用继电器自身前接点，使继电器在励磁电路断开后保持在吸起状态，直到自闭电路断开，继电器才落下。

1. 线圈串联连接

线圈串联接线如图 1-29 所示，继电器使用 1、4 端子，连接 2、3 端子。闭合开关 K，观察表示灯 BD 状态；断开开关 K，观察表示灯 BD 状态，并记录。

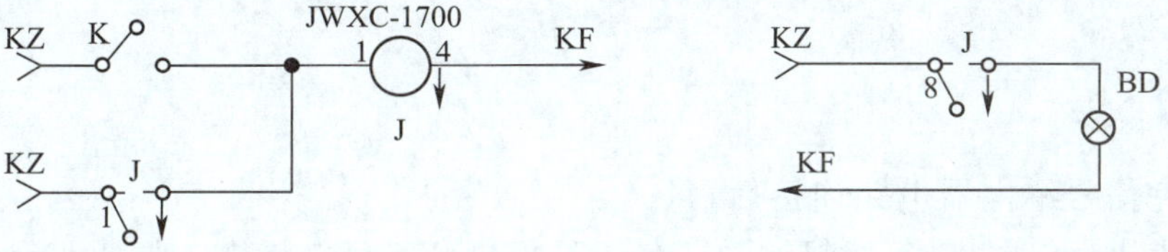

（a）　　　　（b）

图 1-29　线圈串联连接

2. 线圈分开连接

线圈分开连接如图 1-30 所示，闭合开关 K，观察表示灯 BD 状态；断开开关 K，观察表示灯 BD 状态，并记录。

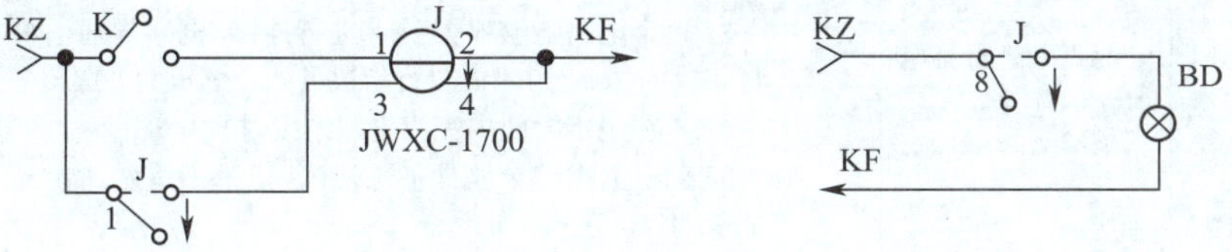

（a）　　　　（b）

图 1-30　线圈分开连接

二、脉动偶电路连接

脉动偶电路是种有趣的电路，两个继电器交替吸起落下，就像脉搏跳动一样，初始状态 A、B 两个继电器都落下，闭合开关接通电路时，A 继电器首先吸起，接着 B 继电器吸起，接着 A 继电器落下，再接着 B 继电器落下，恢复到初始状态，而后 A 继电器又吸起，继续上个周期的动作。

接线如图 1-31 所示，AJ、BJ 均采用 JWXC-H340 型继电器闭合开关 K，观察继电器动作与表示灯 BD1、BD2 的状态，并记录。

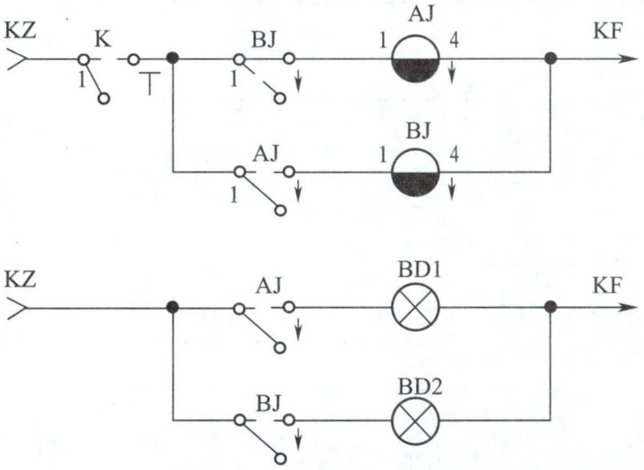

图 1-31　脉动偶电路连接

三、偏极继电器电路连接

偏极继电器具有鉴别电流极性的能力，当偏极继电器线圈接入正向电压达到工作值时，励磁吸起；当接入小于 200 V 的反向电压时，不会吸起。

偏极继电器电路连接如图 1-32 所示，1XJ、2XJ 均采用 JPXC-1000 型继电器。双掷开关分别打向 1、2 与 3、4 端，观察表示灯 BD1、BD2 状态，并记录。

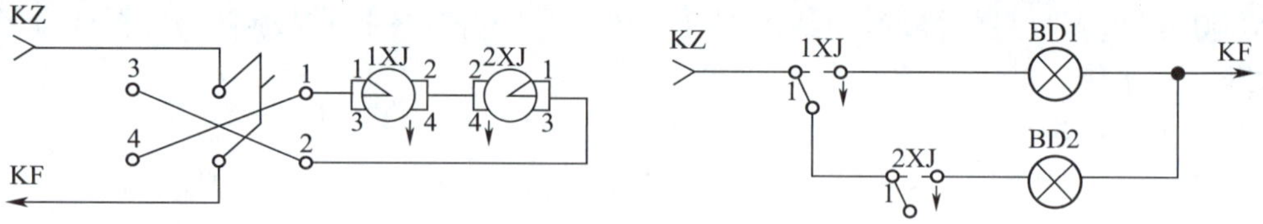

图 1-32　偏极继电器电路连接

【活动评价】

在学习完信号继电器电路连接后，每组派两位代表进行电路搭接，相邻组派一名组员根据活动评分表 1-7 监督评分，事后监督员说出扣分缘由。

表 1-7　活动评分表

序号	主要内容	考核要求	配分	评分标准	得分
1	信号继电器电路连接	能正确进行继电电路的连接	70	1. 对照电路能正确选用继电器、开关，选错扣 10 分。 2. 损坏继电器、仪表，扣 10 分。 3. 每个电路能够根据要求进行连接，电路导通不好，能自行解决的扣 2 分，不能自行解决的扣 10 分，共 30 分。 4. 未在规定时间内完成电路连接，扣 10 分。 5. 测试数据记录填写字迹清晰，记录不清楚，每处数据扣 5 分，共 10 分	
2	文明安全生产	劳保整齐，规范操作，出清收尾	30	1. 未正确佩戴劳保用品，扣 10 分。 2. 未规范操作，扣 10 分。 3. 工具物料未出清，扣 10 分	
合计(总分)			小组编号		

【任务评价】

<table>
<tr><td>项目名称</td><td colspan="2"></td><td>任务名称</td><td colspan="2"></td></tr>
<tr><td>小组成员</td><td colspan="2"></td><td>综合评分</td><td colspan="2"></td></tr>
<tr><td rowspan="11">学生自评</td><td colspan="4">理论任务完成情况</td></tr>
<tr><td>序号</td><td>知识考核点</td><td>自评意见</td><td>自评结果</td></tr>
<tr><td>1</td><td></td><td></td><td></td></tr>
<tr><td>2</td><td></td><td></td><td></td></tr>
<tr><td>3</td><td></td><td></td><td></td></tr>
<tr><td colspan="4">训练任务完成情况</td></tr>
<tr><td>项目</td><td>内容</td><td>评价标准</td><td>自评结果</td></tr>
<tr><td>训练准备</td><td></td><td></td><td></td></tr>
<tr><td>训练方法</td><td></td><td></td><td></td></tr>
<tr><td>质量考核</td><td></td><td></td><td></td></tr>
<tr><td>安全考核</td><td></td><td></td><td></td></tr>
</table>

学习小组评价	团队合作□　　动手操作能力□　　信息获取能力□　　交流沟通能力□ （根据完成任务情况填写：A 优秀；B 良好；C 合格；D 有待改进）
教师评价	

【练习与思考】

1. 请思考，如果脉动偶电路中的两个继电器用 JWXC-1700 型继电器代替，电路能否正常工作？请说明原因。

____

____

____

____

2. 请思考，处于自闭的继电器如何复原落下？请说明原因。

____

____

____

____

任务三　信号继电器测试

【任务导入】

继电器在长期运用过程中，由于接点的烧损，可动部分的磨耗，线圈因受潮而绝缘能力降低，金属零件的氧化、龟裂、变形等，会诱发引起机械与电气特性的逐渐变化，如果不进行定期的预防性检修，就有可能产生因特性变坏而造成的设备故障，必须定期对继电器进行入所测试，否则就有可能因为继电器电气特性、机械性能的变化，引起信号设备故障甚至导致行车事故。本任务学习继电器的电气测试。

【任务目标】

1. 掌握安全型继电器综合测试台的操作方法。
2. 掌握安全型继电器的电气特性的测试方法。

【准备材料及工具】

1. 安全型继电器测试台（图 1-33）
2. 各型继电器 JWXC-1700、JPXC-1000、JYJXC-135/220、JZXC-480、JSBXC1-850 型继电器。待测继电器见表 1-8。

图 1-33　安全型继电器测试台

表 1-8　待测继电器

继电器	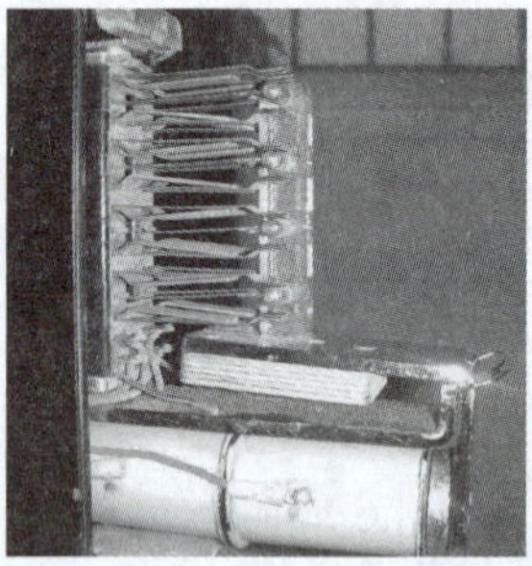		
名称	JWXC-1700	JPXC-1000	JYJXC-135/220
继电器			—
名称	JZXC-480	JSBXC-850	—

【任务实施】

继电器出厂时及在现场使用之前均应测其电气特性与机械特性，使其性能符合现场使用要求。每隔一定周期也要将继电器返回电务段继电器检修修配工区进行检修，内容包括电气特性与机械特性测试。本次是对继电器电气特性的测试，将测试结果填写在表 1-9 中。

表 1-9　继电器参数测试结果

型号	额定值	充磁值	电气特性参数(V)					特点
			释放值	工作值	反向不吸起值	正向转极值	反向转极值	
JWXC-1700	DC 24 V	DC 67 V			—	—	—	
JPXC-1000	DC 24 V	DC 64 V				—	—	
JYJXC-135/220	DC 24 V	DC 64 V	—	—	—			
JZXC-480	AC 18 V	AC 37 V			—	—	—	
JSBXC-850	时间特性(s)							
	3		13		30		180	

【活动过程】

一、JWXC-1700 型继电器电气特性测试

1. 测试前的准备

将调压器旋转到 0 挡位，打开空气开关(简称“空开”)，然后打开测试台电源及测试软件，此时电源指示灯亮，部分指示灯亮。根据被测 AX 型继电器的型号选择对应测试盒，将测试盒安装到测试架上旋紧测试座紧固螺母。将 JWXC-1700 型继电器插在测试盘上对应的继电器插座上，如图 1-34 所示，在测试软件上依次选择“设备测试”“测试继电器”“设备类型”选项，在弹出窗口中选择 JWXC-1700 型继电器，在测试台上，将“功能选择”旋钮选“电气特性”，如图 1-35 所示，对继电器逐项进行测试。

图 1-34　继电器插座

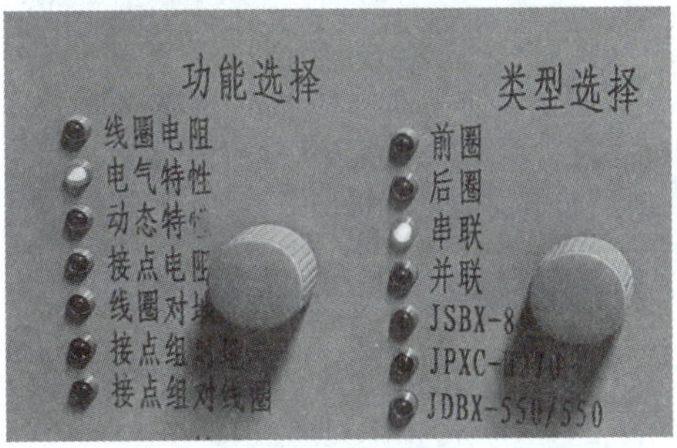

图 1-35　功能选择

2. 电气特性测试

(1)释放值

将“驱动选择”选择开关选择“正向”，将“电压(电流)调节”(以下称“调压器”)旋钮旋至最

小。将“类型选择”旋钮选择“串联”，将测试电源开关拨至“通”位，缓慢旋转调压器旋钮使电压升至测试软件给定充磁值 67 V(工作值 4 倍左右)，然后逐渐降低电压至全部前接点断开，此时的测试台显示最大电压值为被测继电器的“释放值”，如图 1-36 所示(可借助“接点状态”指示灯观察接点闭合情况，绿灯亮为后接点闭合，红灯亮为前接点闭合)，并用软件采集，如图 1-37 所示。

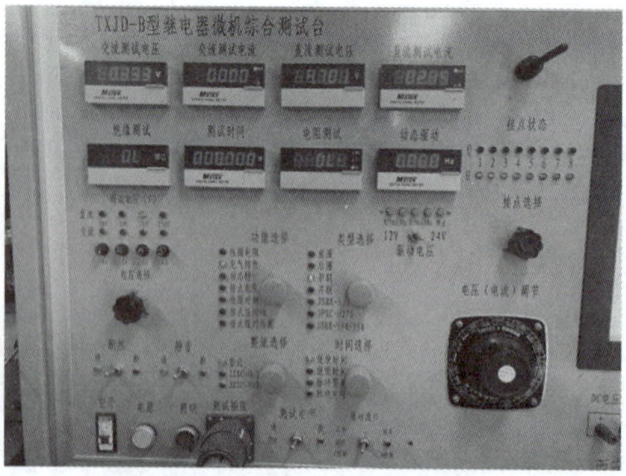

图 1-36　释放值测试

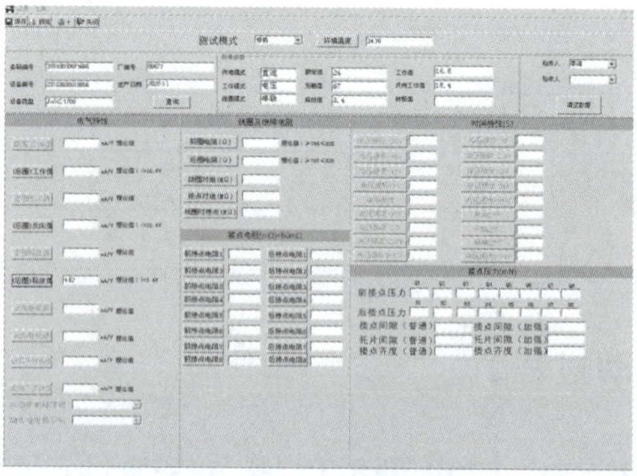

图 1-37　释放值采集

(2)工作值

测完释放值后，电压回零，断开测试电源 1 s，再重新接通，旋转“调压器”旋钮缓慢使电压升高，注意观察“接点状态”指示灯，待其全部变为红灯时，显示器中电压读数即是其工作值，如图 1-38 所示，并用软件采集，如图 1-39 所示。

注意：测试台测试的室温下继电器的各个参数。软件采集数据是利用温度感应器将温度转化为 20 ℃数据，与测试台数据不完全一致。

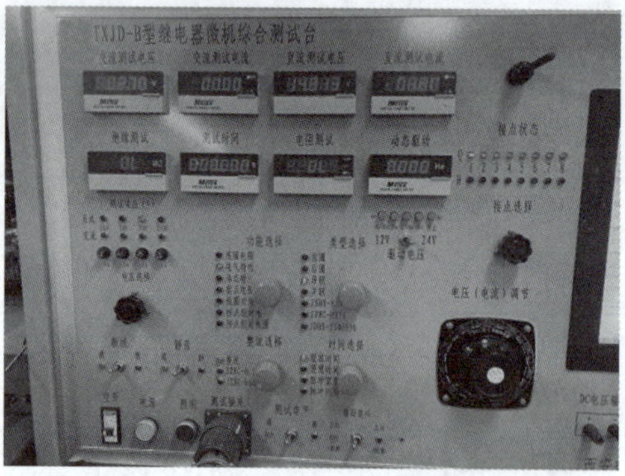

图 1-38　工作值测试

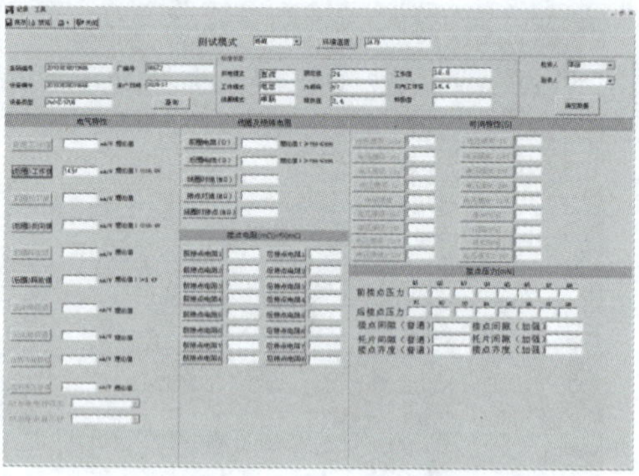

图 1-39　工作值采集

二、JPXC-1000 型继电器测试

对照继电器型号将继电器插入测试台相应的位置，测试方法与步骤同 JWXC-1700 型继电器测试。

(1)释放值

释放值显示及采集分别如图 1-40 和图 1-41 所示。

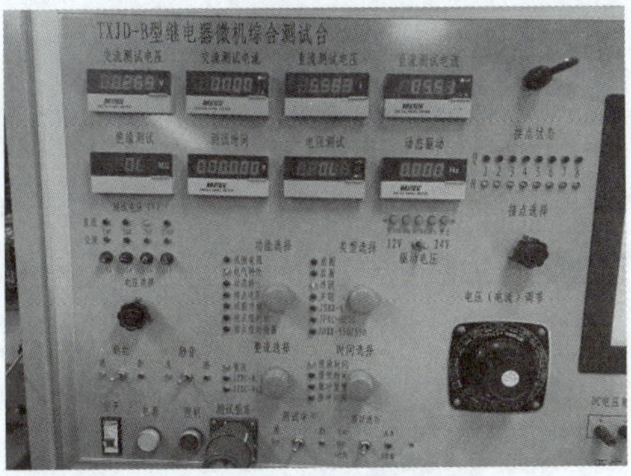

图 1-40　释放值测试

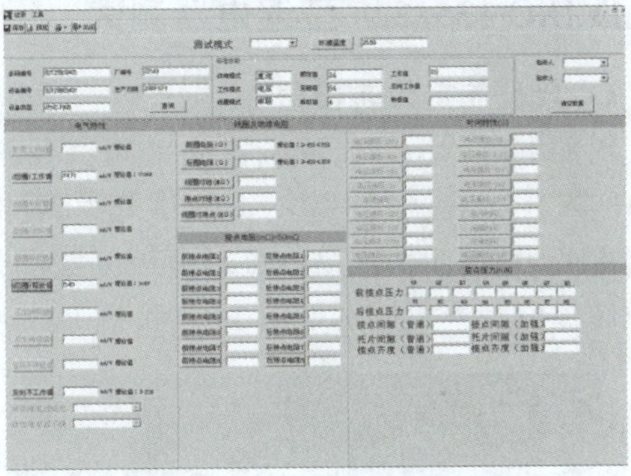

图 1-41　释放值采集

(2)工作值

工作值显示及采集分别如图 1-42 和图 1-43 所示。

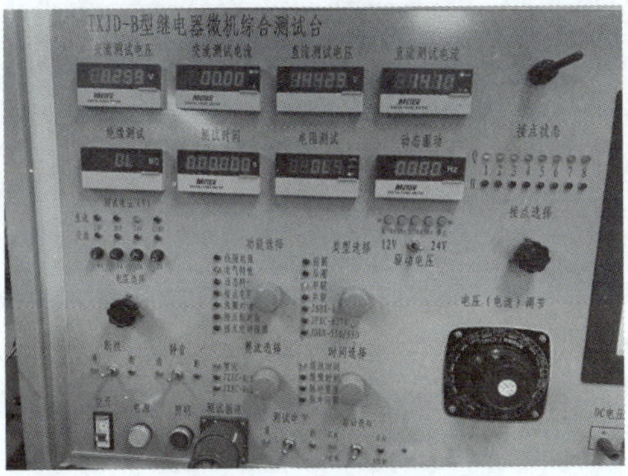

图 1-42　工作值测试

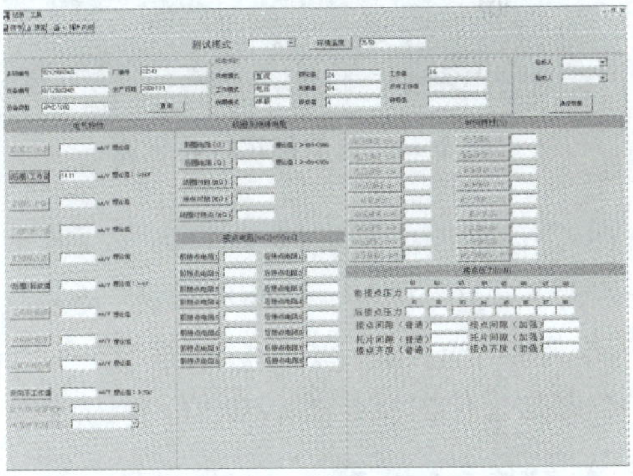

图 1-43　工作值采集

(3)反向不吸起值

电压回零,断开测试电源 1 s,“驱动选择”开关选择“反向”,再重新接通,旋转“调压器”旋钮缓慢使电压升高,测试电压打到 200 V 以上,电压的增加也不能使其处于吸起状态。反向不吸起值显示及采集分别如图 1-44 和图 1-45 所示。

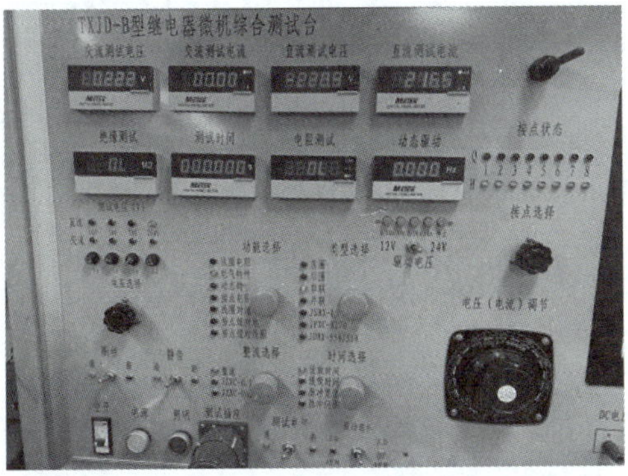

图 1-44　反向不吸起值测试

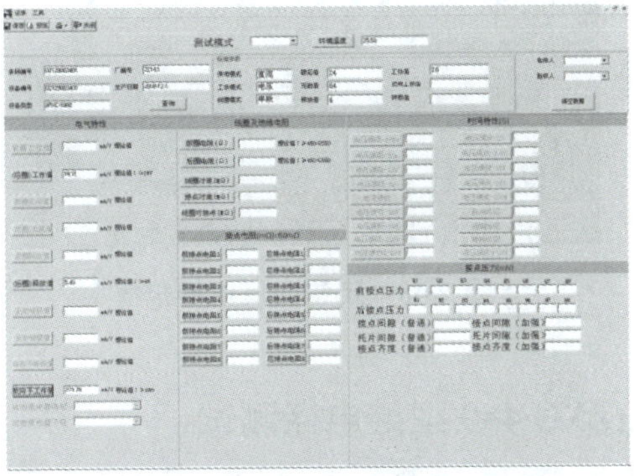

图 1-45　反向不吸起值采集

三、JYJXC-135/220 型继电器测试

(1)反位向定位转极值

对照继电器型号将继电器插入测试台相应的位置。将“驱动选择”开关选择“正向”，将“调压器”旋钮旋至最小。打开测试开关，缓慢调节电压升高，注意观察“接点状态”指示灯，待其全部变为红灯时，测试台显示电压读数即是反位向定位的转极值，并用软件采集。反位向定位转极值及采集分别如图 1-46 和图 1-47 所示。

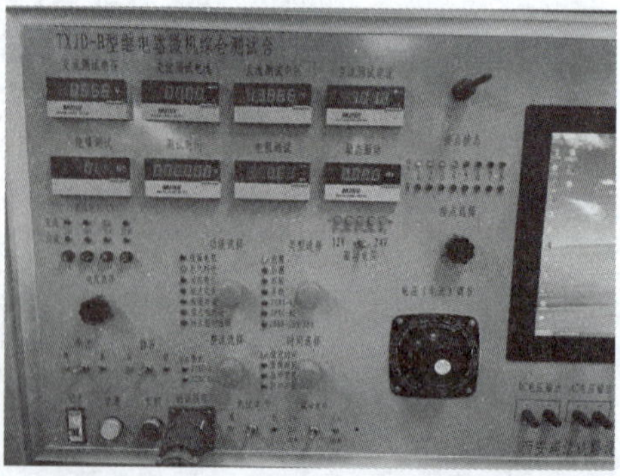

图 1-46　反位向定位转极值

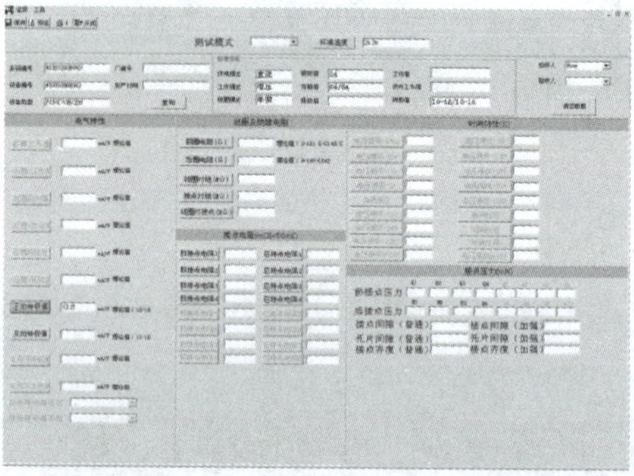

图 1-47　反位向定位转极值采集

(2)定位向反位转极值

断开测试电源 1 s，将“驱动选择”开关选择“反向”，将“调压器”旋钮旋至最小。打开测试开关，缓慢调节电压升高，注意观察“接点状态”指示灯，待其全部变为绿灯时，测试台显示电压读数即是定位向反位的转极值，并用软件采集。定位向反位转极值及采集分别如图 1-48 和图 1-49 所示。

注意事项：分线圈使用时，规定前圈的电源片 3 接电源正极，4 接电源负极时为定位吸起；后圈的电源片 2 接电源正极，1 接电源负极时为反位打落。

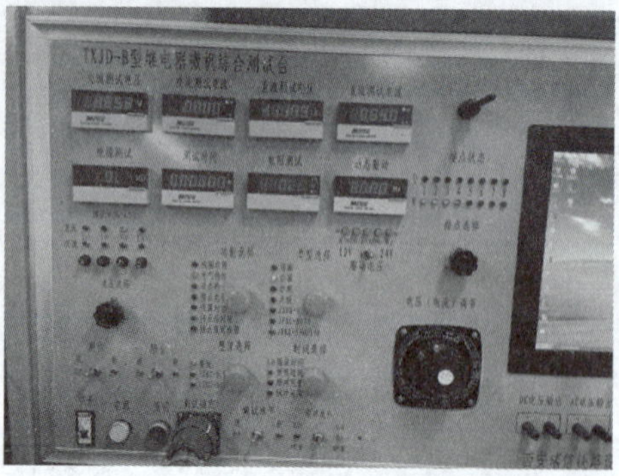

图 1-48　定位向反位转极值

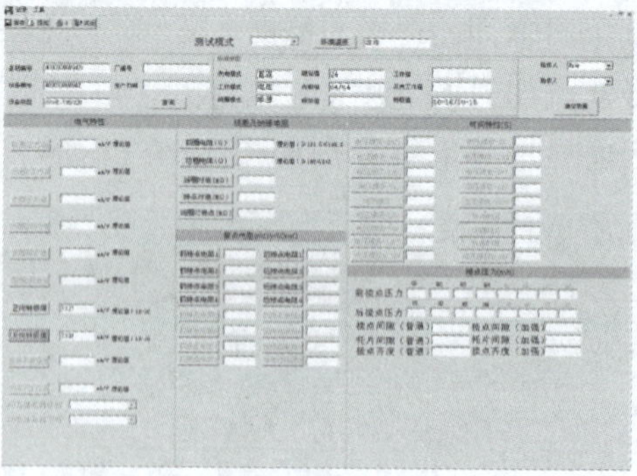

图 1-49　定位向反位转极值采集

四、JZXC-480 型继电器测试

JZXC-480 型继电器测试方法和步骤与 JWXC-1700 型继电器基本相同，需注意的是电源片 1、4 连接，接点 7、8 接入交流电。

五、JSBXC-850 型继电器时间特性测试

JSBXC-850 型继电器由时间控制单元与 JWXC-370/480 型无极继电器组成。它是一种缓吸的继电器，借助电子电路，实现 180 s、30 s、13 s、3 s 等的延时。它的接点编号与无极继电器一样，不同的是 73 接正电源，62 接负电源。连接端子 51-52，为 180 s；51-61 为 30 s；51-63 为 13 s；51-83 为 3 s。

对照继电器型号将继电器插入测试台相应的位置。将“调压器”旋钮旋至电压为 24 V 的位置，并将“时间选择”旋钮选择“缓放时间”，将秒表置零，打开测试开关，注意观察“接点状态”指示灯，待其全部变为红灯时，秒表的读数即为其缓吸的时间。

【活动评价】

在学习完信号继电器的测试后，每组派两位代表进行实操测试，相邻组派一名组员根据活动评分表 1-10 监督评分，事后监督员说出扣分缘由。

表 1-10　活动评分表

序号	主要内容	考核要求	配分	评分标准	得分
1	信号继电器测试	能正确使用信号继电器综合测试台对继电器进行测试	70	1. 测试台使用不正确，每次扣 5 分，共 10 分。 2. 损坏测试台、继电器，扣 10 分。继电器插座选错，扣 10 分。 3. 测试漏项，扣 10 分。 4. 类型选择开关、功能选择开关项目选错，扣 10 分。 5. 测试释放值时未充磁，扣 10 分。 6. 测试数据记录要求填写字迹清晰，记录不清楚，扣 10 分	
2	文明安全生产	劳保整齐，规范操作，出清收尾	30	1. 未正确佩戴劳保用品，扣 10 分。 2. 未规范操作，扣 10 分。 3. 工具物料未出清，扣 10 分	
合计（总分）			小组编号		

【任务评价】

<table>
<tr><td colspan="2">项目名称</td><td></td><td>任务名称</td><td></td></tr>
<tr><td colspan="2">小组成员</td><td></td><td>综合评分</td><td></td></tr>
<tr><td rowspan="12">学生自评</td><td colspan="4">理论任务完成情况</td></tr>
<tr><td>序号</td><td>知识考核点</td><td>自评意见</td><td>自评结果</td></tr>
<tr><td>1</td><td></td><td></td><td></td></tr>
<tr><td>2</td><td></td><td></td><td></td></tr>
<tr><td>3</td><td></td><td></td><td></td></tr>
<tr><td colspan="4">训练任务完成情况</td></tr>
<tr><td>项目</td><td>内容</td><td>评价标准</td><td>自评结果</td></tr>
<tr><td>训练准备</td><td></td><td></td><td></td></tr>
<tr><td>训练方法</td><td></td><td></td><td></td></tr>
<tr><td>质量考核</td><td></td><td></td><td></td></tr>
<tr><td>安全考核</td><td></td><td></td><td></td></tr>
</table>

学习小组评价	团队合作□　动手操作能力□　信息获取能力□　交流沟通能力□ （根据完成任务情况填写：A 优秀；B 良好；C 合格；D 有待改进）
教师评价	

【练习与思考】

1. 继电器电气特性测试工作时，需要注意哪些要点？

2. 偏极继电器测试时，功能开关都需要拨到哪些挡位？

项目二
信号机维护

知识导图

- 信号机维护
  - 信号机认知
    - 信号机灯光符号认知
    - 色灯信号机各部件认知
    - 铁路信号含义
    - 铁路信号分类
    - 铁路信号显示
    - 透镜式色灯信号机的结构
    - 透镜式色灯信号机构构成
    - 灯丝转换装置
  - 信号机拆装
    - 拆分矮型信号机构
    - 拆下来的部件安装
  - 信号机测试
    - 信号变压器（点灯单元）测试
    - 主、副灯丝端电压测试
    - 信号变压器（点灯单元）Ⅱ次侧对地绝缘电阻测试
  - 信号机检修
    - 作业前准备
    - 登记联系
    - 集中检修
    - 销记汇报
    - 工作总结

学习目标

知识目标

1. 掌握信号机的结构组成及各部分功能。

2. 掌握信号机的测试方法。
3. 掌握信号机的检修作业程序及技术标准。

能力目标

1. 能够熟练拆装信号机。
2. 能够正确测试信号机的各参数。
3. 能够按照《普速铁路信号维护规则　技术标准》《铁路技术管理规程(普速铁路部分)》的要求完成信号机的检修作业。

素质目标

1. 培养学生分析问题和解决问题的能力。
2. 培养学生勤于思考、多角度、多方位分析问题的能力，让学生具备精益求精的工匠精神。
3. 能够树立“安全第一”的责任意识，培养遵章守纪的工作作风。
4. 养成善于与人沟通和交流的习惯，具有团队协作意识，善于总结经验。

项目描述

为保证铁路运输安全，指示列车运行及调车作业，铁路必须设置各种信号机。通过本项目的学习应了解信号机的相关知识，掌握信号机构造、拆装、测试及检修方法，以便及时更换信号机部件，完成信号机维护，达到车站与区间信号设备维修岗位的工作要求。调车信号机外形如图 2-1 所示。

图 2-1　调车信号机外形

任务一　信号机认知

【任务导入】

日常出行我们都知道看红绿灯，那么火车运行时也有红绿灯吗？靠什么来保证火车的运行安全呢？那就是铁路信号系统。信号机是铁路信号显示最直观的基础设备，它以灯光的颜色、数目和亮灯状态来表示信号。目前，铁路应用的信号机有透镜式色灯信号机、组合式色灯信号机和 LED 色灯信号机。被广泛采用的是透镜式色灯信号机。铁路信号含义是什么？分类有哪些？有哪些颜色显示？透镜式色灯信号机由哪些部件构成呢？各部分又有哪些功能？下面我们带着问题开始学习。

【任务目标】

1. 掌握铁路信号含义。
2. 掌握铁路信号分类。
3. 掌握铁路信号符号含义。
4. 识别透镜式色灯信号机各部件组成。
5. 熟练说明透镜式色灯信号机各部件作用。

【准备材料及工具】

矮型信号机。

【任务实施】

学习【任务关联知识】相关内容后，按要求完成以下学习活动。

【活动过程】

一、信号机灯光符号认知

熟悉信号灯光颜色表示方法，写出表 2-1 中对应信号机灯光图形符号和文字符号。

表 2-1　灯光图形符号和文字符号

名称	红色灯光	黄色灯光	绿色灯光	月白色灯光	蓝色灯光
图形符号					
文字符号					

二、色灯信号机各部件认知

认知色灯信号机机构组成及内部结构，将图 2-2 中透镜式色灯信号机主要部件及作用填入表 2-2 中。

（a）　（b）

图 2-2　透镜式色灯信号机

表 2-2　透镜式色灯信号机各部件名称及作用

序号	名　　称	作　　用
1		
2		
3		
4		
5		
6		

【活动评价】

在学习完信号机结构认知后，每组派两位代表完成以上考核内容，相邻组派一名组员根据活动评分表 2-3 监督评分，事后监督员说出扣分缘由。

表 2-3　活动评分表

序号	主要内容	考核要求	配分	评分标准	得分
1	信号灯光颜色表示认知	熟悉信号灯光颜色表示方法，能正确写出灯光图形符号和文字符号含义	30	未能正确写出灯光图形符号和文字符号含义，每项扣 3 分，共 30 分	
2	色灯信号机机构组成及内部结构	能够识别色灯信号机机构组成及内部结构，正确指出各部件名称及作用	70	未能够正确指出各部件名称及作用，每项扣 5 分，共 70 分	
合计(总分)			小组编号		

【任务评价】

<table>
<tr><td colspan="2">项目名称</td><td></td><td>任务名称</td><td></td></tr>
<tr><td colspan="2">小组成员</td><td></td><td>综合评分</td><td></td></tr>
<tr><td rowspan="11">学生自评</td><td colspan="4">理论任务完成情况</td></tr>
<tr><td>序号</td><td>知识考核点</td><td>自评意见</td><td>自评结果</td></tr>
<tr><td>1</td><td></td><td></td><td></td></tr>
<tr><td>2</td><td></td><td></td><td></td></tr>
<tr><td>3</td><td></td><td></td><td></td></tr>
<tr><td colspan="4">训练任务完成情况</td></tr>
<tr><td>项目</td><td>内容</td><td>评价标准</td><td>自评结果</td></tr>
<tr><td>训练准备</td><td></td><td></td><td></td></tr>
<tr><td>训练方法</td><td></td><td></td><td></td></tr>
<tr><td>质量考核</td><td></td><td></td><td></td></tr>
<tr><td>安全考核</td><td></td><td></td><td></td></tr>
</table>

学习小组评价	团队合作□ 动手操作能力□ 信息获取能力□ 交流沟通能力□ (根据完成任务情况填写:A 优秀;B 良好;C 合格;D 有待改进)
教师评价	

【任务关联知识】

一、铁路信号含义

铁路信号有广义和狭义之分。从广义上来说,铁路信号是铁路运输系统中,保证行车安全、提高区间和车站通过能力以及编解能力的自动控制及远程控制技术的总称,由车站联锁、区间闭塞、编组站自动控制、行车调度指挥、信号集中监测、列车运行控制等系统组成。

从狭义来说,铁路信号就是向有关行车和调车人员发出的指示和命令。简单来说,信号就是一种命令,要求铁路运输人员必须无条件执行。

二、铁路信号分类

铁路信号按人体生理感官可以分为视觉信号和听觉信号。这两种传递方式最为简单,也最为直接。

视觉信号就是以物体或灯光的颜色、形状、位置、显示数目及灯光状况等特征表示的信号。如信号机、信号旗、信号牌、信号表示器、机车信号、火炬等表示的都是视觉信号。

听觉信号是以不同声响设备发出音响强度、频率、长短和数目等特征表示的信号。如号角、口笛、响墩、机车鸣笛、轨道车鸣笛等表示的都是听觉信号。例如响墩外形扁圆内装炸药,安放在钢轨上,当车轮碾压时发出爆炸声响,提醒司机紧急停车。

视觉信号按信号机具是否移动,分为固定信号、手信号和移动信号三大类。常设于固定地点的信号称为固定信号,包括固定在地面的信号机、信号表示器和固定在机车上的机车信号。手信号是有关行车或调车人员手持信号旗或信号灯作出规定动作发出的信号,手信号应用时间比较长,由于比较简单,一直沿用到现在。移动信号是施工或维修区段临时设置的可移动的信号牌,比如施工时临时设置的方形红牌、圆形黄牌等,用于列车停车或减速。

铁路电务部门只负责维护固定信号,其他各种信号机具由使用部门负责使用和维护。

三、铁路信号显示

铁路信号以红、黄、绿为基本颜色。红色是禁止信号,司机看到后必须在信号机前停车,也就是说红色是停车信号;黄色信号在不同位置显示含义有所不同,基本含义为注意或减速信号,司机要注意减速;绿色是指示列车按规定速度运行的信号,这时司机可以根据列车指示正常行车。

但是这几种颜色无法满足铁路信号显示要求,又增加了蓝色、月白色两种辅助颜色。蓝色指禁止越过该信号机进行调车,有时也作为容许信号使用;月白色指允许越过该调车信号,也可用作引导信号。除了以上用于信号机显示的几种颜色外，信号表示器还有紫色灯光、透明白灯等。

此外，铁路信号的显示不仅以灯光的颜色不同来区分，还以灯光的数目和不同组合来区分，有时还以稳定灯光和闪光显示方式不同来区分。

不同颜色的灯光用不同的图形符号和文字符号来表示，见表 2-4。

表 2-4　各种灯光的图形符号和文字符号

名　　称	图形符号	文字符号
红色灯光		H
黄色灯光		U
绿色灯光		L
蓝色灯光		A
月白灯光		B
紫色灯光		Z
白色灯光		
空灯位		
稳定绿灯	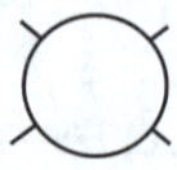	
稳定黄灯		
绿灯闪光	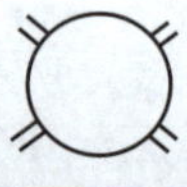	

名　称	图形符号	文字符号
黄灯闪光		
一般高柱信号		
一般矮型信号		
接车性质信号	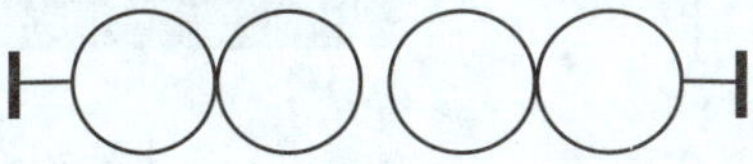	

四、透镜式色灯信号机的结构

透镜式色灯信号机有高柱和矮型两种类型，其中高柱信号机的机构安装在信号机柱上，矮型信号机的机构安装在水泥基础或钢制基础上。

高柱透镜式色灯信号机如图 2-3 所示，由机柱、机构、托架、梯子等部分组成。机柱采用钢筋混凝土结构，用于安装机构和梯子。矮型透镜式色灯信号机如图 2-4 所示，它由机构、基础等组成，其中图 2-4(a)为两个显示机构，图 2-4(b)为一个显示机构。

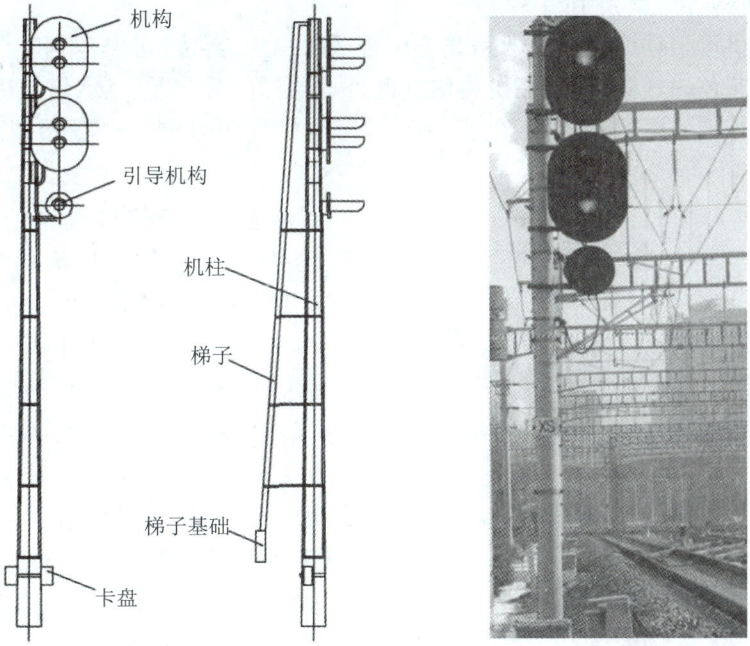

(a)　　(b)

图 2-3　高柱透镜式色灯信号机

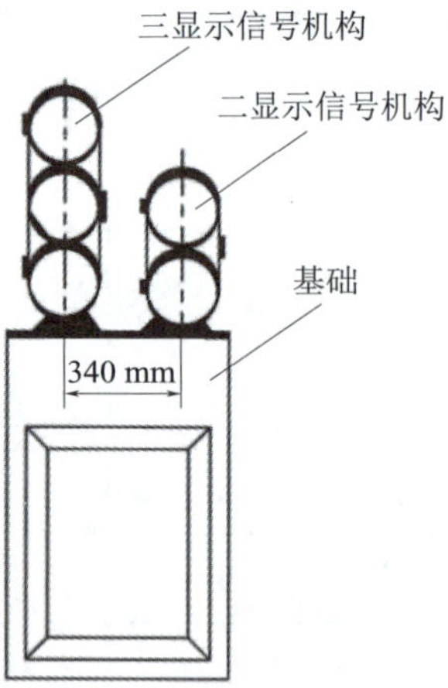

（a）

（b）

图 2-4　矮型透镜式色灯信号机

五、透镜式色灯信号机构构成

透镜式色灯信号机构按结构分为单显示、二显示、三显示 3 种(高速铁路有四显示机构)。

单显示机构用于复示信号机构、引导信号机构、容许信号机构、遮断信号及其预告信号机构。

二显示机构有两个灯室,三显示机构有三个灯室,每个灯室内有一组透镜、一副灯座、一个灯泡和遮檐。灯座间用隔板分开,以防止相互串光,保证信号显示的正确。每一机构设有一块背板,同机构各灯室共用。

各种信号机可根据信号显示的需要选用合适的机构,再按灯光显示和配列要求选择规格和颜色相符的有色内透镜,安装在机构内。此外,还有灯列式进站复示信号机构等。

透镜式色灯信号机的机构如图 2-5 所示,每个灯位由灯泡、灯座、透镜组、遮檐、背板等组成。

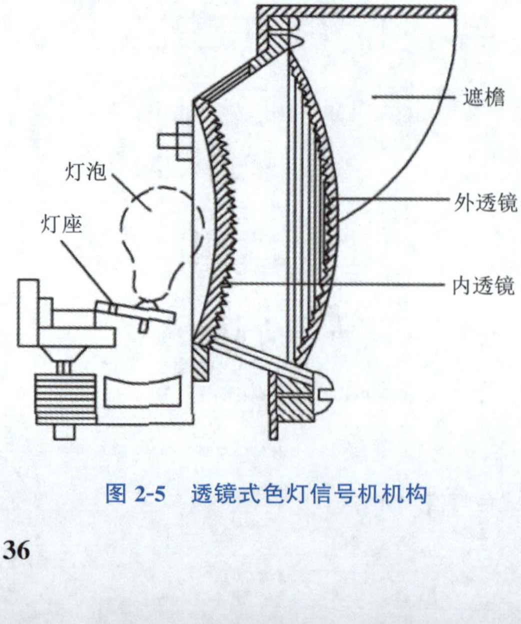

图 2-5　透镜式色灯信号机机构

灯泡是色灯信号机的光源。目前均采用直丝双丝灯泡,信号灯泡的灯丝为双螺旋直丝,如图 2-6 所示,信号灯泡常用的有 TX-12/25A 型和 TX-12/25B 型,其中 T 表示铁路,X 表示信号,12 表示该灯泡的额定电压为 12 V,25 表示功率为 25 W。灯泡内有两个灯丝:一个主灯丝,一个副灯丝。主灯丝和副灯丝呈直线状平行布置,主灯丝在下,副灯丝在上。在主灯丝断丝时,灯丝落下不会碰到副灯丝而影响副灯丝正常工作,有利于安全使用。正常情况下,点亮下方的主灯丝,当主灯丝断丝时,自动改点上方的副灯丝,并发出报警,提醒值班人员及时更换灯泡。

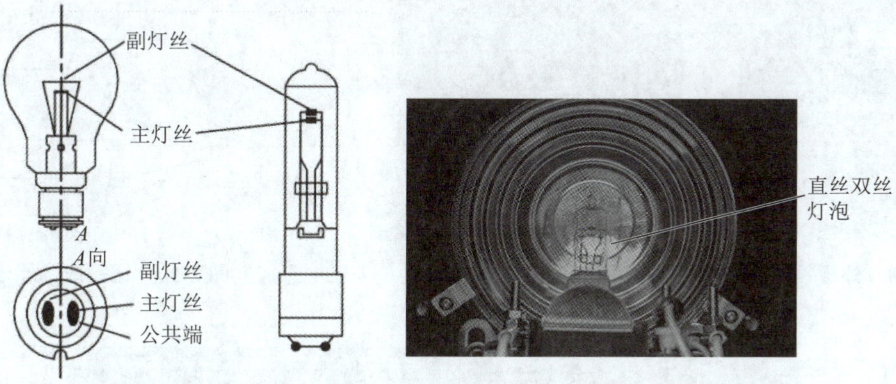

（a）　　　　　　　　　　　　（b）

图 2-6　信号灯泡

灯座是用来安装灯泡的，现采用定焦盘式灯座，如图 2-7(a)所示，为保证获得最大的显示距离，灯泡应安装在透镜的焦点上，信号机构在安装前要进行灯光调整试验，只有满足显示要求时才能使用。在调整好透镜组焦点后灯座固定不动，更换灯泡时无须调整灯座。在高速铁路上，普遍采用双灯定焦盘灯座，如图 2-7(b)所示。

（a）定焦盘式灯座　　　　　　（b）双灯定焦盘灯座

图 2-7　定焦盘式灯座

透镜组装在镜架框上，由两块带棱的凸透镜组成，外面是无色带内棱凸透镜，如图 2-8 所示，里面是有色的带外棱凸透镜(有红、黄、绿、蓝、月白、无色六种颜色)，如图 2-9 所示。所使用的凸透镜中心厚、边缘薄。根据透镜成像原理，如果光源灯泡置于透镜组的焦点处，经透镜折射后，就会成为平行光，使灯泡发出的光呈平行射出，将光源发出的光线集中射向所需要的方向，如图 2-10 所示。

遮檐用来防止阳光等光线直射时产生错误的幻影显示，如图 2-11 所示。

为了改善瞭望条件，高柱信号机安装背板，可衬托信号灯光亮度，如图 2-12 所示。一般信号机采用圆形背板，各种复示信号机、遮断信号机及其预告信号机、容许信号均采用方形背板，以示区别。

图 2-8　外透镜

图 2-9　内透镜

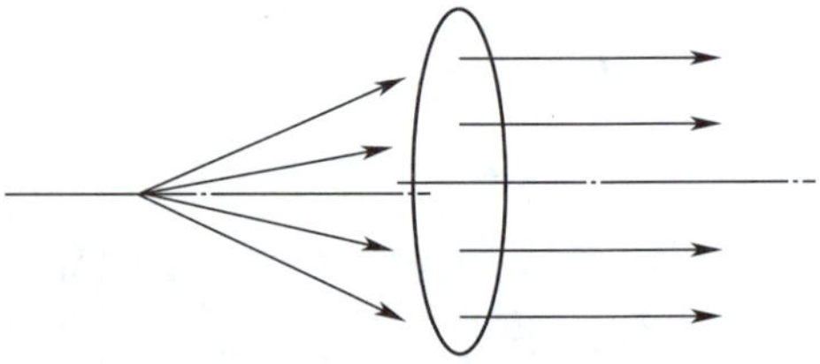

图 2-10　透镜成像原理

图 2-11　遮檐

图 2-12　背板

六、灯丝转换装置

灯丝转换装置由信号变压器和灯丝转换继电器等构成。随着信号设备的不断更新，目前在信号点灯电路中大多使用点灯单元或多功能智能点灯单元。

1. 信号变压器及点灯原理

信号变压器设置于信号机处的变压器箱内，用以将 220 V 交流电压降为信号灯泡所用的 12 V 电压。常见的有 BX-40、BX-30、BX_1-40、BX_1-34 以及 BYD-60 型远程点灯信号变压器。其中，使用最多的是 BX_1-34 型，如图 2-13 所示。它的Ⅰ次侧一般使用$Ⅰ_1$ 和$Ⅰ_3$ 端子，当在Ⅰ次侧输入 220 V 交流电压时，在$Ⅱ_1$ 次侧能够输出 13～16 V 交流电压。

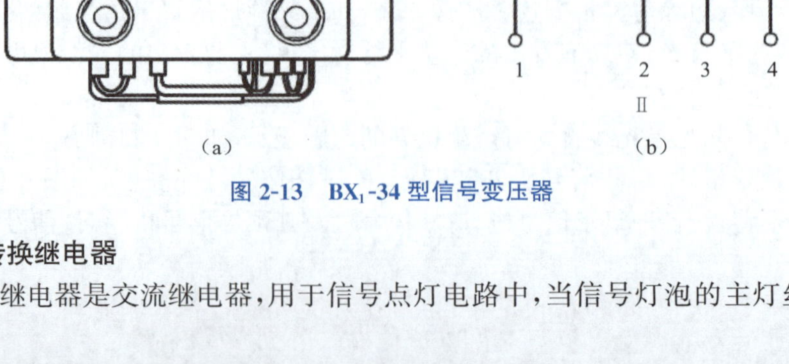

（a）　　（b）

图 2-13　BX_1-34 型信号变压器

2. 灯丝转换继电器

灯丝转换继电器是交流继电器，用于信号点灯电路中，当信号灯泡的主灯丝断丝时通过它自动转换至副灯丝点亮，并通过其接点构成报警电路。JZCJ 型继电器是早期的弹力型非插入式继电器，底座上有螺孔，用螺栓将其安装在信号机构内，如图 2-14 所示。

图 2-14　JZCJ 型灯丝转换继电器

3. DDXL-34 型点灯单元

DDXL-34 型点灯单元电路如图 2-15 所示，其将点灯变压器与灯丝转换继电器结合在一起，另外，配置了一台检流变压器和一个 LED 发光二极管。它的点灯变压器采用防雷装置，灯丝转换继电器采用 JZSJC 型。正常点灯情况下，主灯丝点亮，同时灯丝转换继电器 DZJ 吸起。当主灯丝断丝时，DZJ 断电落下，通过其后接点接通副灯丝回路，点亮副灯丝，同时利用另一组接点接通断丝报警电路。

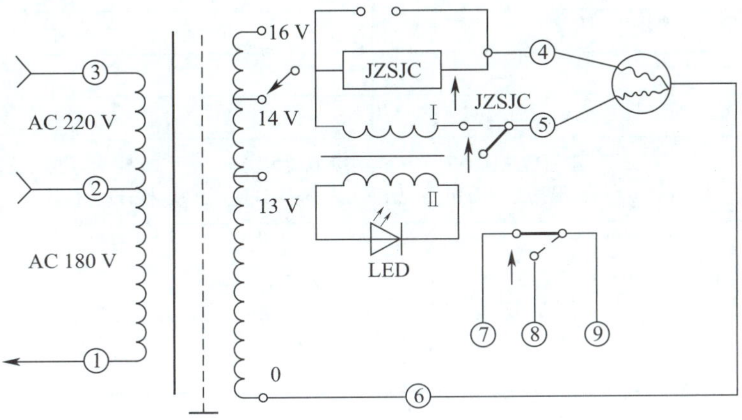

图 2-15　DDXL-34 型点灯单元电路图

另外，检流变压器的Ⅰ次线圈串在副灯丝回路中，Ⅱ次线圈接一 LED 发光二极管，用以检查副灯丝完好。主灯丝断丝点亮副灯丝时，LED 发光二极管点亮。检查副灯丝完好的方法是：在联系、登记、要点之后，人为地使 DZJ 落下，若 LED 发光二极管点亮，表示副灯丝完好。此时，一定要采取安全措施，以防发生人为故障。

4. 多功能智能点灯单元

多功能智能点灯单元是集交流点灯、灯丝转换、故障定位报警为一体的多功能智能点灯单元，适用于站内信号机，如图 2-16 所示。多功能智能点灯单元采用一体化的结构设计，安装、维修、更换非常方便。它具有灯丝断丝定位报警功能，在不增加、不改动原有点灯及报警电路的前提下，利用原有两根报警线进行传输，在信号楼内进行解码，通过灯丝断丝定位显示器显示断丝灯位。

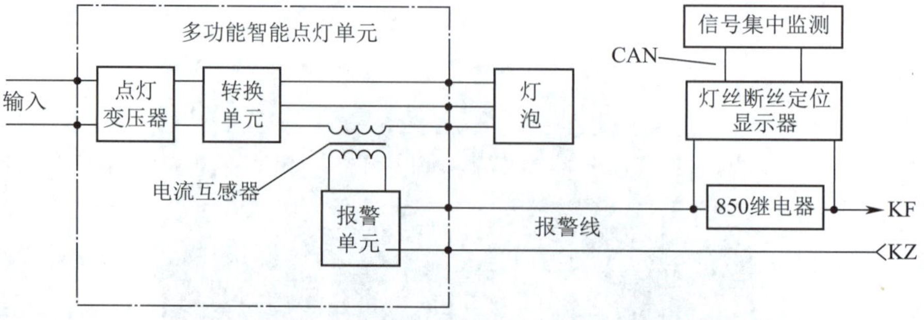

图 2-16　多功能智能点灯电源原理框图

【任务评价】

<table>
<tr><td colspan="2">项目名称</td><td></td><td>任务名称</td><td></td></tr>
<tr><td colspan="2">小组成员</td><td></td><td>综合评分</td><td></td></tr>
<tr><td rowspan="7">学生自评</td><td colspan="4">理论任务完成情况</td></tr>
<tr><td>序号</td><td>知识考核点</td><td>自评意见</td><td>自评结果</td></tr>
<tr><td>1</td><td></td><td></td><td></td></tr>
<tr><td>2</td><td></td><td></td><td></td></tr>
<tr><td>3</td><td></td><td></td><td></td></tr>
<tr><td>4</td><td></td><td></td><td></td></tr>
<tr><td>5</td><td></td><td></td><td></td></tr>
<tr><td>学习小组评价</td><td colspan="4">学习效率□　　信息获取能力□　　交流沟通能力□
（根据完成任务情况填写：A 优秀；B 良好；C 合格；D 有待改进）</td></tr>
<tr><td>教师评价</td><td colspan="4"></td></tr>
</table>

【练习与思考】

1. 铁路信号如何分类？

2. 铁路信号灯泡灯丝结构布置有什么特点？为什么这样布置？

3. 课后活动，请查阅材料，为什么选用红、绿、黄、蓝、月白色这几种灯光作为铁路信号显示颜色？

任务二　信号机拆装

【任务导入】

通过“任务一　信号机认知”的学习，已经能够清楚认识透镜式色灯信号机的各个部件组成及作用。在实际工作中，有时要更换信号机部件，比如更换灯泡、更换透镜组、更换点灯单元、更换信号机构等，接下来我们学习并掌握透镜式色灯信号机的拆装方法。

【任务目标】

1. 熟悉透镜式色灯信号机的拆装步骤。
2. 熟练更换透镜式色灯信号机灯泡。
3. 能够正确选用工具完成透镜式色灯信号机的拆装。

【准备材料及工具】

需准备的材料及工具如图 2-17 所示。

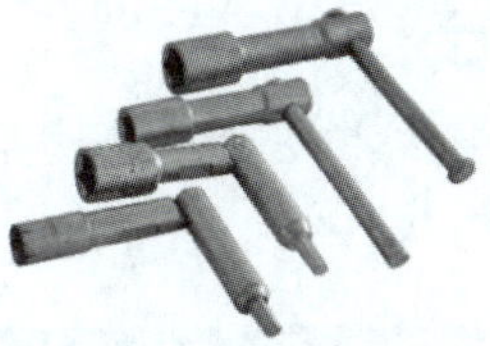

（a）双节套筒

（b）十字螺丝刀

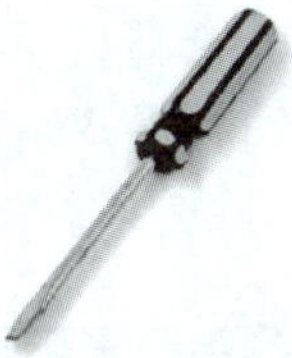

（c）一字螺丝刀

（d）套筒扳手

（e）活口扳手

图 2-17　材料及工具

【任务实施】

每组同学按要求准备工具、材料，熟悉各种工具的名称、性能和使用方法，整齐摆放在各组对应的信号机旁边。通过拆装信号机，熟悉信号机的内部构造，理解信号机的点灯特点。

信号机的拆分

【活动过程】

一、拆分矮型信号机构

拆分矮型信号机构步骤如下：

(1)打开机构后背锁。取下上部机构密封胶堵，用双节套筒，取下内五角螺钉，打开信号机机构门，观察机构内部组成。

(2)拆除机内配线。用套筒扳手，拆下机内灯座配线螺母，取下配线。

(3)拆除灯座。用十字螺丝刀，拆除灯座固定螺栓，将灯座从信号机构中取出来，仔细观察信号灯座，将信号光源从信号机构中取出，观察信号灯泡有何特点。

(4)拆除遮檐。用活口扳手，拆除遮檐螺钉，取下遮檐。

(5)拆除透镜组。用活口扳手，拆除透镜组固定螺钉，从机构上取下透镜组，观察内透镜和外透镜的特点。

(6)拆除外透镜。用十字螺丝刀，拆除外透镜边框螺钉，取下外透镜边框，取下外透镜防水密封条，用一字螺丝刀撬开外透镜边沿胶，取出外透镜。

(7)拆除内透镜。取下与透镜组机构之间防水密封胶条，用一字螺丝刀撬开边沿胶木压边，取出内透镜。

(8)拆除点灯单元(或信号变压器及灯丝转换继电器)。用十字螺丝刀，拆除点灯单元(或信号变压器及灯丝转换继电器)固定螺钉，从机构门上取下点灯单元(或信号变压器及灯丝转换继电器)，观察其特点。

(9)拆除机构固定螺栓。取下下部机构密封胶堵，用双节套筒，取下内五角螺钉，打开信号机下部机构门，用活口扳手拆下上部基座底座固定螺母。

(10)抽线移除机构。机构从下部机构上移除，同时配线线把从机构里拔出。至此，一个灯位的信号机构拆除完毕。信号机拆除完爆炸图如图 2-18 所示。

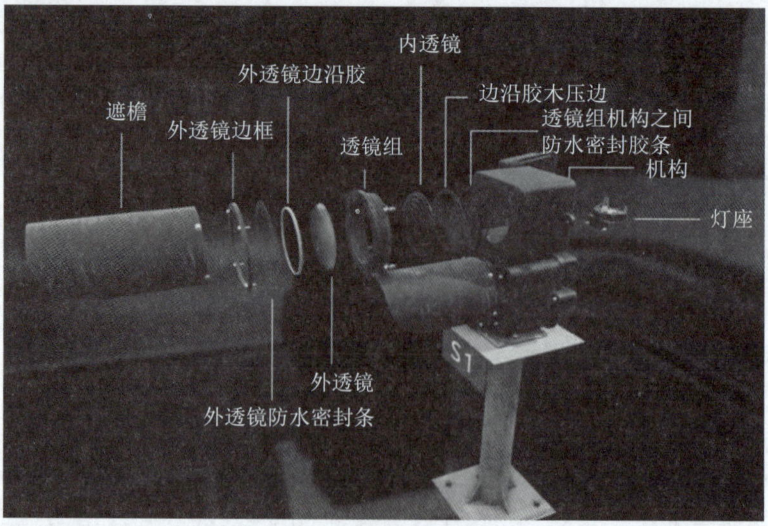

图 2-18　信号机爆炸图

二、拆下来的部件安装

将拆下来的各部件进行正确安装，步骤如下：

(1)安装机构。

(2)安装内透镜。

(3)安装外透镜。

(4)安装透镜组。

(5)安装遮檐。

(6)将灯泡安放在灯座上。

(7)将灯座安装在机构内。

(8)安装点灯单元(或信号变压器及灯丝转换继电器)。

(9)安装配线。

(10)关锁。

工作完成，清点工具、材料等，做到现场工完料清。

【活动评价】

在学习完信号机的拆卸与安装后，每组派两位代表进行实操拆装，相邻组派一名组员根据活动评分表 2-5 监督评分，事后监督员说出扣分缘由。

表 2-5　活动评分表

序号	主要内容	考核要求	配分	评分标准	得分
1	信号机的拆装	能按正确的步骤，对信号机拆装	70	1. 工具、材料准备齐全，缺一件工具扣 2 分，共 10 分。 2. 损坏器材、工具，扣 10 分。 3. 拆装步骤不正确，扣 10 分。 4. 未正确使用工具、仪表，每次扣 2 分，共 10 分。 5. 漏装零部件，每个扣 1 分，共 10 分。 6. 安装零部件松动。每处扣 5 分，共 20 分	
2	文明安全生产	劳保整齐，规范操作，出清收尾	30	1. 未正确佩戴劳保用品，扣 10 分。 2. 未规范操作，扣 10 分。 3. 工具物料未出清，扣 10 分	
合计(总分)			小组编号		

【任务评价】

项目名称			任务名称	
小组成员			综合评分	
学生自评	理论任务完成情况			
	序号	知识考核点	自评意见	自评结果
	1			
	2			
	3			

<table>
<tr><td rowspan="6">学生自评</td><td colspan="4">训练任务完成情况</td></tr>
<tr><td>项目</td><td>内容</td><td>评价标准</td><td>自评结果</td></tr>
<tr><td>训练准备</td><td></td><td></td><td></td></tr>
<tr><td>训练方法</td><td></td><td></td><td></td></tr>
<tr><td>质量考核</td><td></td><td></td><td></td></tr>
<tr><td>安全考核</td><td></td><td></td><td></td></tr>
<tr><td>学习小组评价</td><td colspan="4">团队合作□　动手操作能力□　信息获取能力□　交流沟通能力□
（根据完成任务情况填写：A 优秀；B 良好；C 合格；D 有待改进）</td></tr>
<tr><td>教师评价</td><td colspan="4"></td></tr>
</table>

【练习与思考】

1. 简述透镜式色灯信号机的拆卸步骤。

2. 简述透镜组的特点。

3. 简述信号灯座的特点。

任务三　信号机测试

【任务导入】

在信号机维护中，我们要对信号机进行电气测试，测试信号机工作的各个参数，以此来判断信号机点灯电路是否能正常工作和信号灯泡是否能正常点灯等。本次任务我们学习信号机测试，测试中需要用到万用表、钳形表、兆欧表，需要掌握相关仪表的使用技能。

【任务目标】

1. 会测试信号机的各个电气参数。
2. 熟练使用万用表、钳形表、兆欧表。

【准备材料及工具】

万用表（指针式万用表或数字式）、钳形表、兆欧表的准备如图 2-19 所示。

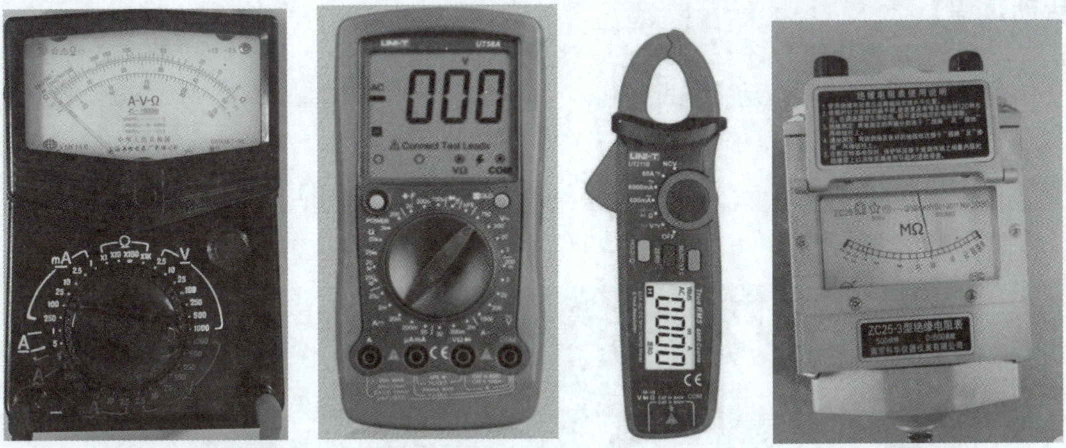

（a）MF-14 型万用表　（b）数字万用表　（c）钳形表　（d）兆欧表

图 2-19　材料及工具

【任务实施】

信号机测试

色灯信号机的测试主要包括：信号变压器（点灯单元）Ⅰ、Ⅱ次侧电压、主灯丝点灯电压、副灯丝点灯电压、灯丝继电器电压和电流、信号变压器（点灯单元）Ⅱ次侧对地绝缘电阻测试。联系室内，逐灯位测试实训基地矮型信号机相应数据，并做好记录，填写在表 2-6 和表 2-7 中。

表 2-6　信号机测试记录卡

站（区间）名：　　　　　　　　　　信号机名称：

测试日期	更换灯泡记录		变压器电压（V）（点灯装置）		主灯丝点灯电压（V）	副灯丝点灯电压（V）	引入线绝缘（MΩ）	测试人
	灯泡编号	灯位	Ⅰ次	Ⅱ次				

表 2-7　信号机灯丝继电器测试记录表

日期	信号机名称	组合位置	交流电压（V）或交流电流（mA）	直流电压值（V）	测试人

【活动过程】

一、信号变压器(点灯单元)测试

1. Ⅰ次电压测试

测试方法:将万用表置交流 250 V 电压挡,测试信号变压器(点灯单元)Ⅰ次电压,一般表笔分别接信号变压器 1、4 端子(点灯单元 1、2 端子),如图 2-20 所示。

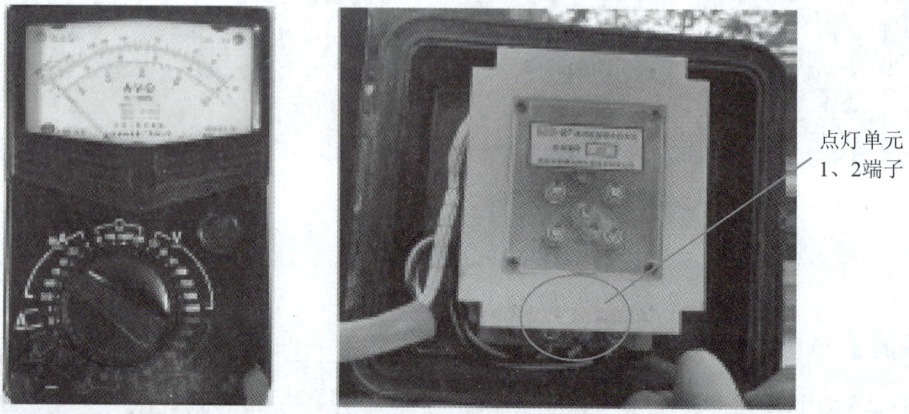

(a)交流 250 V 挡　　(b)Ⅰ次电压测试

图 2-20　点灯单元Ⅰ次电压测试

2. Ⅱ次电压测试

测试方法:将万用表置交流 25 V 电压挡,测试信号变压器(点灯单元)Ⅱ次电压,表笔分别接信号变压器Ⅱ次侧电压输出端子(点灯单元主、回端子),如图 2-21 所示。

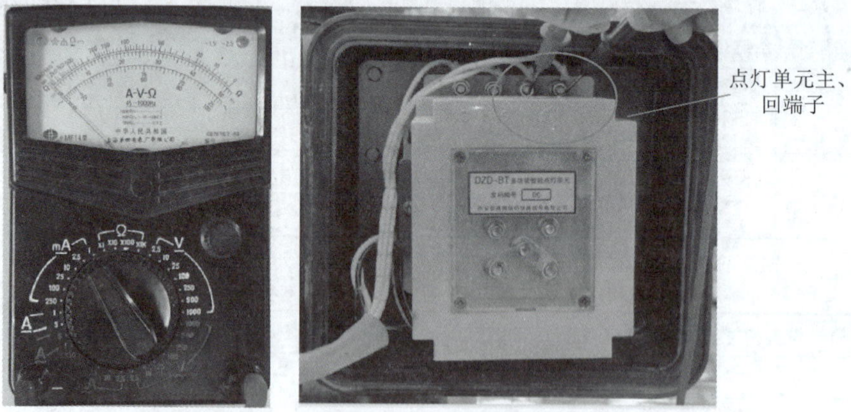

(a)交流 250 V 挡　　(b)Ⅱ次电压测试

图 2-21　点灯单元Ⅱ次电压测试

二、主、副灯丝端电压测试

测量时,注意应与室内联系,依次开放各种信号显示,测得各灯泡的主灯丝电压。人工中断主灯丝回路改点副灯丝,依次测得各灯泡的副灯丝点灯端电压。列车色灯信号机灯泡的端电压为额定值的 85%～95%，调车信号为 75%～95%，容许信号为 65%～85%（一般列车信号为 10.2～11.4 V；调车信号为 9～11.4 V；容许信号为 7.8～10.2 V），灯端电压高于额定值的 95%，将缩短灯泡使用寿命；低于额定值的 85%，将影响信号显示距离。因各点灯回路的电气特性有差异，在测量其他灯泡端电压时，应注意不可向红灯（或蓝灯）的信号变压器Ⅰ次或Ⅱ次侧借电源。

1. 主灯丝端电压测试

测试方法：将万用表置交流 25 V 电压挡，测试灯泡主灯丝点灯端电压，表笔分别接灯座主灯丝端子和回线端子，如图 2-22 所示。

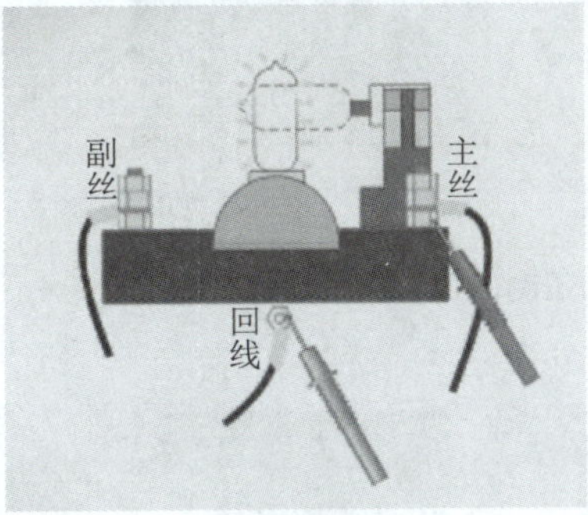

（a）测试方法

（b）主灯丝端电压测试

图 2-22　灯泡主灯丝端电压测试

2. 副灯丝端电压测试

测试方法：将万用表置交流 25 V 电压挡，表笔分别接灯座副灯丝端子和回线端子，读数。测试副灯丝点灯端电压时需按压“转换”按钮，副灯丝点亮时测试，如图 2-23 所示。灯端电压不符合标准时对信号变压器（点灯单元）Ⅱ次输出电压进行调整。

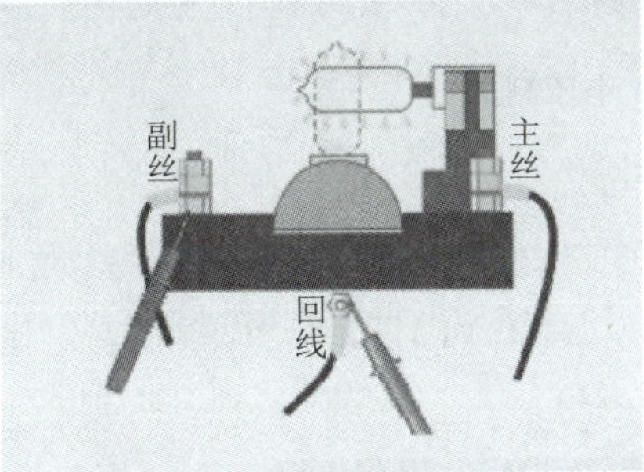

（a）测试方法

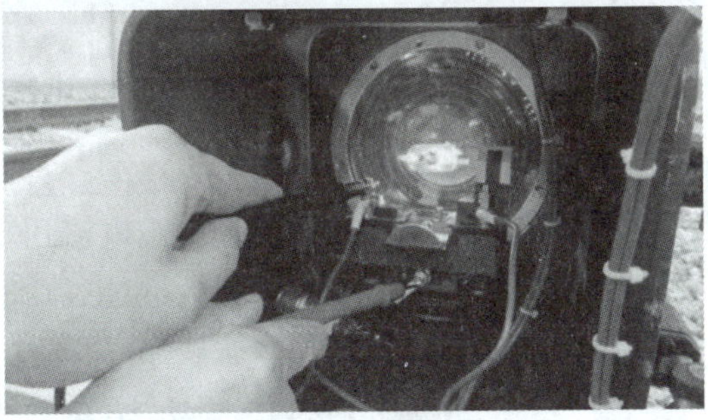

（b）副灯丝端电压测试

图 2-23　灯泡副灯丝端电压测试

3. 灯丝继电器电压、电流测试（以 JZXC-H18 型灯丝继电器为例）

（1）交流电压测试

测试方法：将万用表置交流 10 V 电压挡，表笔分别接灯丝继电器 DJ 插座板 53 和 63 端子，测试 DJ 交流电压值，交流电压在 3.8～4.4 V 之间，如图 2-24 所示。

（2）直流电压测试

测试方法：将万用表置直流 2.5 V 电压挡，表笔分别接 DJ 插座板 3 和 2 端子（其中 3 端子接红表笔;2 端子接黑表笔),测试 DJ 直流电压值,直流电压在 1.9～2.2 V 之间,如图 2-25 所示。

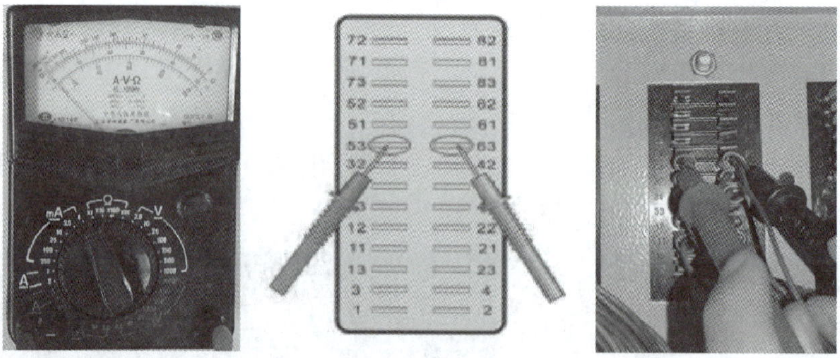

(a) 交流 10 V 挡　(b) 测试方法　(c) DJ 交流电压测试

图 2-24　灯丝继电器交流电压测试

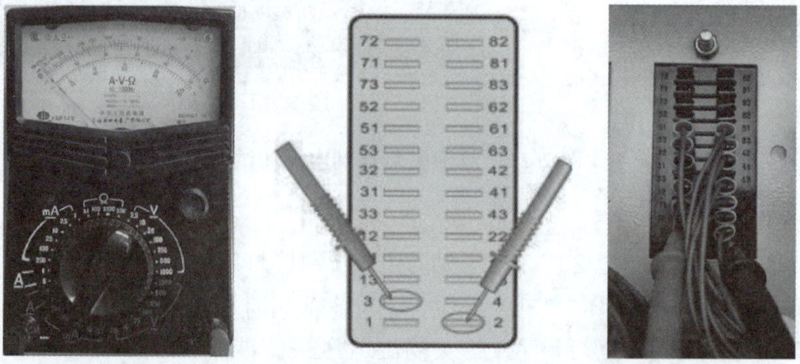

(a) 直流 2.5 V 挡　(b) 测试方法　(c) DJ 直流电压测试

图 2-25　灯丝继电器直流电压测试

(3)交流电流测试

测试方法:将钳形表置交流电流挡,用电流钳卡在 JZXC-H18 型 DJ 插座板 53 或 63 端子配线上,测试 DJ 回路电流,如图 2-26 所示,电流在 100～150 mA 之间。需要注意:用钳形电流表测试灯丝电流时不宜靠近变压器,减少电磁干扰。

图 2-26　DJ 交流电流测试

三、信号变压器(点灯单元)Ⅱ次侧对地绝缘电阻测试

测试方法:使用 500 V 兆欧表测试,兆欧表一个表笔(L)接信号变压器(点灯单元)Ⅱ次回端子,另一个表笔(E)接地进行摇测,如图 2-27 所示,绝缘电阻值大于 1 MΩ。使用 500 V 兆欧表测试前应对仪表进行"归零"试验,即两表笔夹头均夹在机壳上,摇动兆欧表,观察兆欧表读数是否归零。测试时摇动兆欧表,摇速保持在 120 rad/min,摇速均匀。采用非金属类机构时,可不用测试对地绝缘。

工作完成,清点工具、材料等,做到现场工完料清。

图 2-27　点灯单元Ⅱ次侧对地绝缘电阻测试

【活动评价】

在学习完信号机的测试后,每组派两位代表进行实操测试,相邻组派一名组员根据活动评分表 2-8 监督评分,事后监督员说出扣分缘由。

表 2-8　活动评分表

序号	主要内容	考核要求	配分	评分标准	得分
1	信号机的测试	能正确使用仪表对信号机测试	70	1. 仪表准备齐全,缺一件扣 2 分,共 10 分。 2. 仪表使用不正确,扣 10 分。 3. 损坏器材、仪表,扣 10 分。 4. 测错端子,每个端子扣 2 分,共 10 分。 5. 测试漏项,扣 10 分。 6. 摇测时,仪表放置不水平,仪表转速不符合要求,扣 10 分。 7. 测试数据记录要求填写字迹清晰,记录不清楚,扣 10 分	
2	文明安全生产	劳保整齐,规范操作,出清收尾	30	1. 未正确佩戴劳保用品,扣 10 分。 2. 未规范操作,扣 10 分。 3. 工具物料未出清,扣 10 分	
合计(总分)			小组编号		

【任务评价】

项目名称			任务名称	
小组成员			综合评分	
学生自评	理论任务完成情况			
	序号	知识考核点	自评意见	自评结果
	1			
	2			
	3			

<table>
<tr><td rowspan="6">学生自评</td><td colspan="4">训练任务完成情况</td></tr>
<tr><td>项目</td><td>内容</td><td>评价标准</td><td>自评结果</td></tr>
<tr><td>训练准备</td><td></td><td></td><td></td></tr>
<tr><td>训练方法</td><td></td><td></td><td></td></tr>
<tr><td>质量考核</td><td></td><td></td><td></td></tr>
<tr><td>安全考核</td><td></td><td></td><td></td></tr>
<tr><td>学习小组评价</td><td colspan="4">团队合作□　动手操作能力□　信息获取能力□　交流沟通能力□
（根据完成任务情况填写：A 优秀；B 良好；C 合格；D 有待改进）</td></tr>
<tr><td>教师评价</td><td colspan="4"></td></tr>
</table>

【练习与思考】

1. 信号变压器（点灯单元）Ⅰ、Ⅱ次侧测试时，分别选用什么挡位？

____

2. 测试绝缘电阻时，需注意哪些事项？

____

3. DJ 测试时，需要注意哪些事项？

____

任务四　信号机检修

【任务导入】

列车运行和调车作业都必须严格执行信号机的指示，如果信号机构歪斜、信号机显示距离不满足要求或者信号机灯光熄灭等故障发生，都将影响信号显示，危及行车安全。因此，需要做好信号机的日常巡检和集中检修，保证行车安全，提高运输效率。本次任务以集中检修为例来学习。

【任务目标】

1. 掌握信号机检修作业程序及技术标准。

2. 能够按照《铁路技术管理规程（普速铁路部分）》《普速铁路信号维护规则　技术标准》要求进行信号机的检修作业。

3. 能够正确选用检修工具、材料、仪表。

【准备材料及工具】

工具:双节套筒、通信工具、劳动防护用品(安全帽、安全带等)、一字螺丝刀、十字螺丝刀、手锤、克丝钳、活口扳手、套筒扳手、万可端子插针、扁油刷、油壶、钢卷尺等。

材料:信号灯泡、黑胶布、螺母、弹簧垫圈、垫片、棉纱等。

仪表:万用表、兆欧表。

【任务实施】

色灯信号机集中检修作业流程如下:

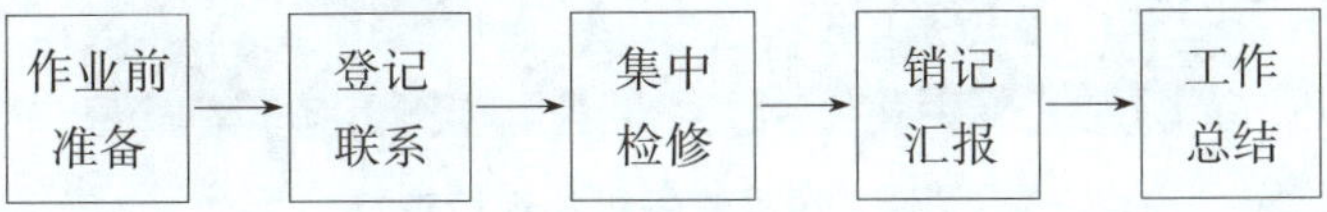

【活动过程】

一、作业前准备

(1)召开班前布置会,作业负责人布置日常养护任务,明确作业地点、时间、任务及相关人员分工。

(2)作业负责人针对人员、环境等因素提出安全预想,确定安全关键点。安全员对安全关键点进行补充。

(3)准备工具、材料、仪器仪表。

(4)检查防护用品齐全,状态良好。室外防护员、驻站联络员试验通信工具。

二、登记联系

(1)驻站联络员在"行车设备检查登记簿"内按规定格式登记。

(2)室外防护员到达现场后,与驻站联络员通话试验,联系确认作业地点、信号机名称及工作内容,进行作业防护,确保通信畅通,如图 2-28 所示。

(a)　　　　　　　　(b)

图 2-28　驻站联络员与室外防护员

三、集中检修

1. 设备外观检查(图 2-29)

图 2-29 信号机外观检查

(1)检查机构、箱盒防尘、基础外观完好,防水设施良好,梯子、蛇管无损伤,反光牌、开口销齐全,各部螺栓紧固,螺帽垫片齐全,各部位加锁装置良好。

(2)设备油饰良好,无锈蚀,铭牌齐全、标识正确,字迹清楚,硬面整洁无杂物。

(3)清洁透镜玻璃、信号机号码牌,设备外部和基础面清扫,检查各部螺栓不松动并注油。

(4)检查硬面化、信号机机柱良好,梯子中心线与机柱中心线一致[图 2-30(a)]。各种基础或支持物无影响强度的裂纹,安装稳固,倾斜限度 h 不得超过 10 mm[测量方法如图 2-30(b)所示],高柱信号机机柱倾斜限度 d 不超过 36 mm[测量方法如图 2-30(c)所示]。水泥信号机柱不得有裂通周围的裂纹,机柱顶端须封闭,如图 2-30 所示。

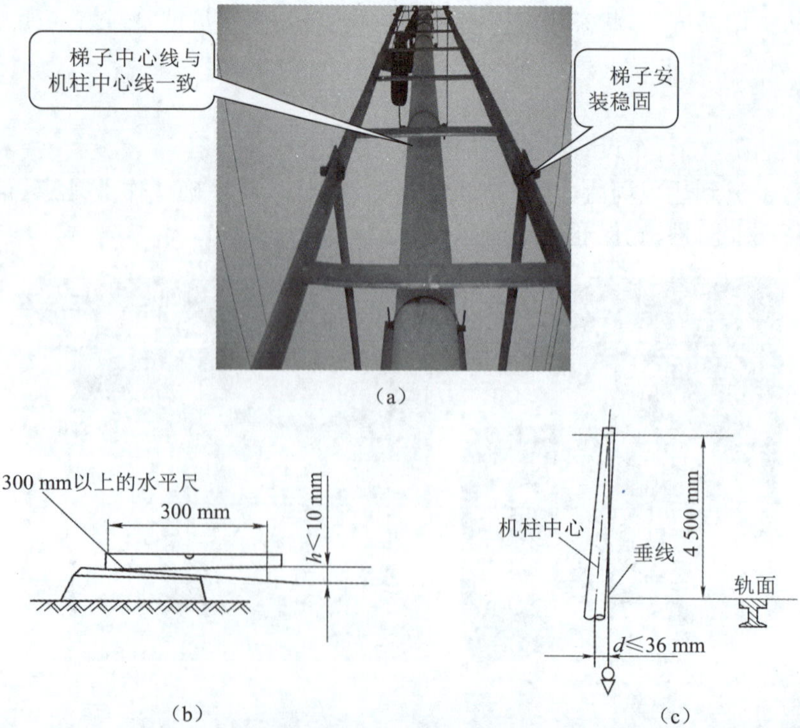

图 2-30 信号机机柱检查

(5)检查高柱信号机地线焊接良好，如图 2-31 所示。

(6)测量建筑限界，核对信号机(标志牌)里程。

①矮型信号机高度的测量：自轨面起至矮型信号机顶端的距离。

②高柱信号机高度的测量：自轨面起至高柱信号机每个机构中心的距离。多机构的要分别进行测量。

③信号机本线限界的测量：从信号机凸出边缘至所属线路中心的距离。测量时可量出信号机凸出边缘与本线钢轨内侧的距离，再加 717.5 mm 即为本线限界(多机构的高柱信号机应对每个机构的限界分别测量)。

④信号机邻线限界的测量：从信号机凸出边缘距相邻线路中心的距离。测量时可量出信号机凸出边缘与相邻线路钢轨内侧的距离，再加 717.5 mm 即为邻线限界。

(7)检查信号机构的灯室之间不应串光，并不因为光反射造成错误显示，如图 2-32 所示。

图 2-31　地线焊接良好

图 2-32　信号机构的灯室之间不串光

2. 检查、调整信号显示距离

检查信号机显示距离，应符合《铁路技术管理规程(普速铁路部分)》的规定：

(1)进站、通过、接近、遮断信号机，不得小于 1 000 m。

(2)高柱出站、高柱进路信号机，不得小于 800 m。

(3)预告、驼峰、驼峰辅助信号机，不得小于 400 m。

(4)调车、矮型出站、矮型进路、复示信号机，容许、引导信号及各种表示器，不得小于 200 m。

在地形、地物影响视线的地方，进站、通过、接近、预告、遮断信号机的显示距离，在最坏的条件下，不得小于 200 m。

信号显示必须在灯端电压符合标准的情况下进行调整，否则会影响显示距离。调整方法为：

(1)设好专职防护员，一人在信号机机构处调整，另一人携带通信设备到信号机前方规定的显示距离前、后、左、右 50 m 的线路两侧处观看灯光显示，指挥调整人员进行调整。

(2)先调整机构左、右俯角、仰角位置，上、下、左、右移动机构，机构位置调整好后，及时将吊架、托架螺栓紧固。

(3)对灯座前、后、左、右位置调整，以最理想的显示(饱满、明亮、清晰)为标准。

(4)调整完毕后，紧固所有固定螺栓。

3. 机构、箱盒内部检查(图 2-33)

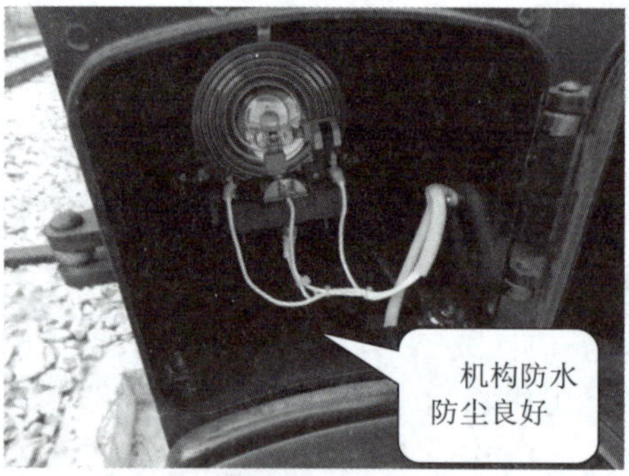

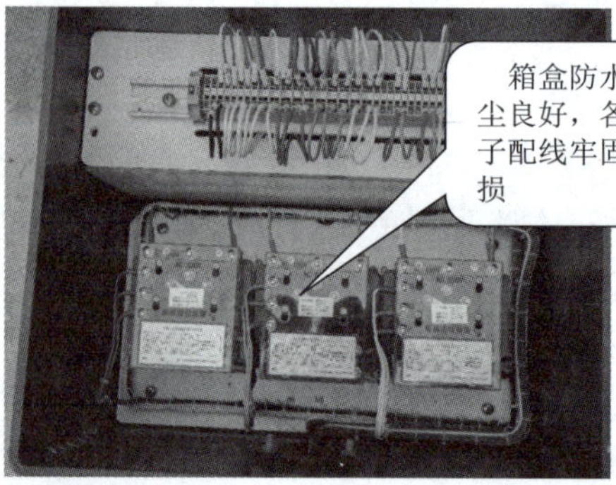

图 2-33　信号机构、箱盒

(1)防尘及清扫

①检查机构、箱盒内密封良好,防水、防尘良好。当机盖密封不良时,可通过调整或更换盘根来整治。

②检查电缆不下沉,灌胶良好。

③机构、箱盒内部清洁。用毛刷和棉纱清扫器材及箱盒内部。电缆仓等狭窄部位可以使用毛刷将尘土黏出箱内;毛刷使用前必须用绝缘胶带将铁质部分严密包裹,防止封连电气接点。

(2)电气部分

①检查各种器材标牌齐全,器材不过热,无异常响声。

②用手检查器材固定良好,螺母紧固。

③检查配线整齐,绑扎良好,留有余量,机构内部配线没有被门挤压可能。

④各部电气端子应双螺母紧固有防松标记(或防松螺母),箱内起始端子有标记。

⑤箱内配线图、电缆去向铭牌齐全,图实相符。

4. 特性测试并记录

(1)试验信号机主、副灯丝转换和报警,测试各部电压,灯端电压不宜调整过高,影响灯泡寿命,灯端电压不达标时进行调整,改变信号变压器(点灯单元)的变比,使Ⅱ次侧输出不同的电压,直至灯端电压达标。

(2)测试信号机引入线绝缘。

(3)地线测试、整治(接地电阻阻值$<1\ \Omega$)。

5. 点灯试验

对信号机进行点灯试验。

6. 设备复查

对作业范围内的设备进行复查记录,对工器具、材料进行核对清点,确认无遗漏。

四、销记汇报

检修作业完毕,人员及作业机具全部下道后,由作业负责人向驻站联系人汇报,驻站联系人员方可办理销记并交付使用。

五、工作总结

(1)作业人员汇报当日工作完成情况、设备缺点克服情况及遗留问题。

(2)作业负责人总结当日作业情况、劳动安全作业纪律执行情况。

(3)对设备遗留问题录入问题库。

(4)填写检修相关记录。

【活动评价】

在学习完信号机的检修后,每组同学分工扮演不同角色进行实操检修,相邻组派一名组员根据活动评分表2-9监督评分,事后监督员说出扣分缘由。

表2-9　活动评分表

序号	主要内容	考核要求	配分	评分标准	得分
1	信号机的检修	能用正确工具、材料、仪表对信号机检修	70	1. 工具、材料、仪表准备齐全,缺一件扣2分,共10分。 2. 工具、材料、仪表使用不正确,每次扣2分,共10分。 3. 损坏器材、工具、仪表,扣10分。 4. 未按照检修流程,扣10分。 5. 未正确调整信号机显示距离,扣10分。 6. 检修时测试数据不正确,每项扣5分,共10分。 7. 测试数据记录要求填写字迹清晰,记录不清楚,扣10分	
2	文明安全生产	劳保整齐,规范操作,出清收尾	30	1. 未正确佩戴劳保用品,扣10分。 2. 未规范操作,扣10分。 3. 工具物料未出清,扣10分	
合计(总分)			小组编号		

【任务评价】

<table>
<tr><td colspan="2">项目名称</td><td></td><td>任务名称</td><td></td></tr>
<tr><td colspan="2">小组成员</td><td></td><td>综合评分</td><td></td></tr>
<tr><td rowspan="11">学生自评</td><td colspan="4">理论任务完成情况</td></tr>
<tr><td>序号</td><td>知识考核点</td><td>自评意见</td><td>自评结果</td></tr>
<tr><td>1</td><td></td><td></td><td></td></tr>
<tr><td>2</td><td></td><td></td><td></td></tr>
<tr><td>3</td><td></td><td></td><td></td></tr>
<tr><td colspan="4">训练任务完成情况</td></tr>
<tr><td>项目</td><td>内容</td><td>评价标准</td><td>自评结果</td></tr>
<tr><td>训练准备</td><td></td><td></td><td></td></tr>
<tr><td>训练方法</td><td></td><td></td><td></td></tr>
<tr><td>质量考核</td><td></td><td></td><td></td></tr>
<tr><td>安全考核</td><td></td><td></td><td></td></tr>
</table>

学习小组评价	团队合作□　动手操作能力□　信息获取能力□　交流沟通能力□ （根据完成任务情况填写：A 优秀；B 良好；C 合格；D 有待改进）
教师评价	

【练习与思考】

1. 简述信号机的检修过程。

2. 信号机如何进行灯光调整？

项目三
轨道电路维护

知识导图

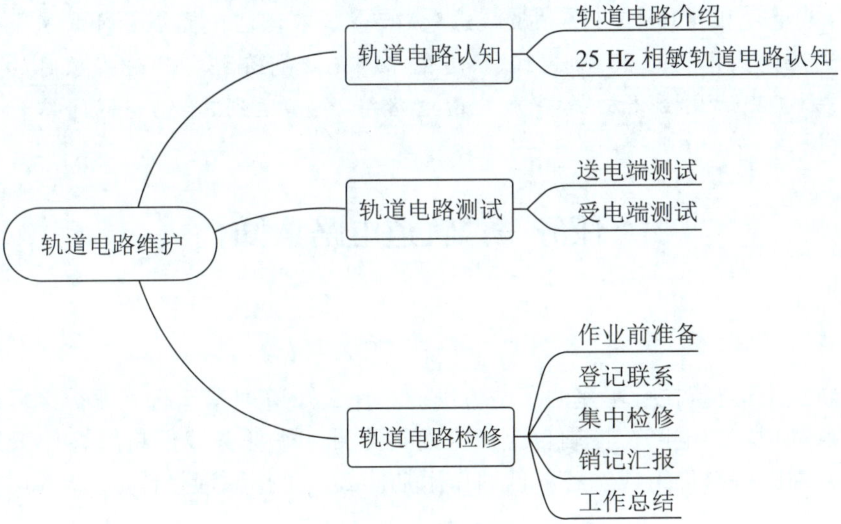

学习目标

知识目标

1. 掌握轨道电路的结构组成、各部件作用和工作原理。
2. 掌握轨道电路的测试方法。
3. 掌握轨道电路的作业程序及技术标准。

能力目标

1. 能够正确测试轨道电路的各参数。
2. 能够按照《铁路技术管理规程(普速铁路部分)》《普速铁路信号维护规则　技术标准》的要求完成轨道电路的检修作业。

素质目标

1. 培养学生分析问题和解决问题的能力。
2. 培养学生勤于思考、多角度、多方位分析问题的能力,让学生具备精益求精的工匠精神。
3. 能够树立"安全第一"的责任意识,培养遵章守纪的工作作风。
4. 养成善于与人沟通和交流的习惯,具有团队协作意识,善于总结经验。

项目描述

轨道电路是利用钢轨线路和钢轨绝缘构成的电路,用来监督列车的占用,并向列车传递行车信息。轨道电路是铁路信号的重要基础设备,其性能的好坏直接影响行车安全和运输效率。我国铁路车站和区间都设有轨道电路,车站轨道电路制式分为非电气化区段工频交流连续式轨道电路、电气化区段 25 Hz 相敏轨道电路、分路不良区段高压脉冲轨道电路等。本项目以目前站内应用最广泛的 25 Hz 相敏轨道电路为例进行介绍。通过本项目的学习应掌握轨道电路的结构、测试及检修方法,完成轨道电路维护等,达到"车站与区间信号设备维修岗位"的工作要求。

任务一　轨道电路认知

【任务导入】

列车在轨道上运行,在行车室的车站值班员靠什么知道列车运行到哪个区段的呢?答案就是列车运行利用轨道电路在控制台上产生的红光带。本任务我们将解答什么是 25 Hz 相敏轨道电路?由哪些部件组成?各部件的作用是什么?工作原理是什么?

【任务目标】

1. 掌握 25 Hz 相敏轨道电路的结构组成。
2. 掌握 25 Hz 相敏轨道电路各部件作用。
3. 掌握 25 Hz 相敏轨道电路的工作原理。

【准备材料及工具】

25 Hz 相敏轨道电路设备一套(钢轨、绝缘节、引接线、接续线、信号变压器箱、扼流变压器箱、防护盒、防雷补偿器、交流二元继电器)。

【任务实施】

学习【任务关联知识】相关内容后,按要求完成以下学习活动。

【活动过程】

识别 25 Hz 相敏轨道电路结构组成,写出表 3-1 中设备名称及作用。

表 3-1　设备名称作用对照表

序号	设　备	名称	作　用
1			
2			
3			
4			
5	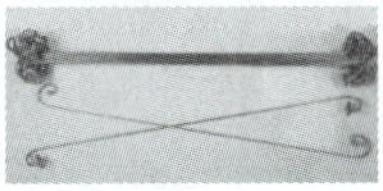		
6	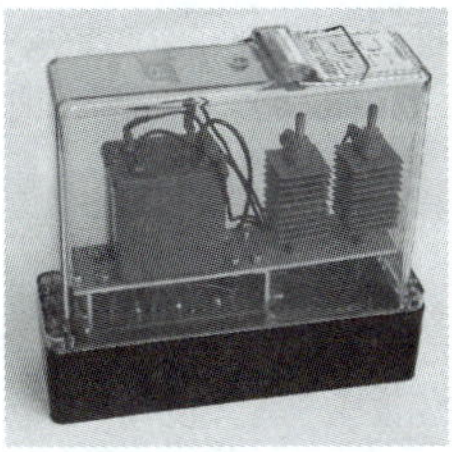		

【活动评价】

在学习完轨道电路结构认知后，每组派两位代表完成以上考核内容，相邻组派一名组员根据活动评分表 3-2 监督评分，事后监督员说出扣分缘由。

表 3-2　活动评分表

序号	主要内容	考核要求	配分	评分标准	得分
1	轨道电路结构组成及作用	能够识别 25 Hz 相敏轨道电路结构组成，正确指出各部件名称及作用	60	未能够正确指出各部件名称及作用，每项扣 5 分，共 60 分	
2	轨道电路工作原理及作用	能够熟练说出轨道电路工作原理及作用	40	未能够正确说出轨道电路工作原理及作用每项扣 20 分，共 40 分	
合计(总分)			小组编号		

【任务关联知识】

一、轨道电路介绍

轨道电路认知

轨道电路是以钢轨线路的两根钢轨作为导体，两端加上机械绝缘（或电气绝缘），接上送电设备和受电设备构成的闭合回路。最简单的轨道电路如图 3-1 所示。送电设备设在送电端，由轨道电源 E 和限流电阻 R_x 等组成。受电设备设在受电端，一般采用继电器，称为轨道继电器 GJ。

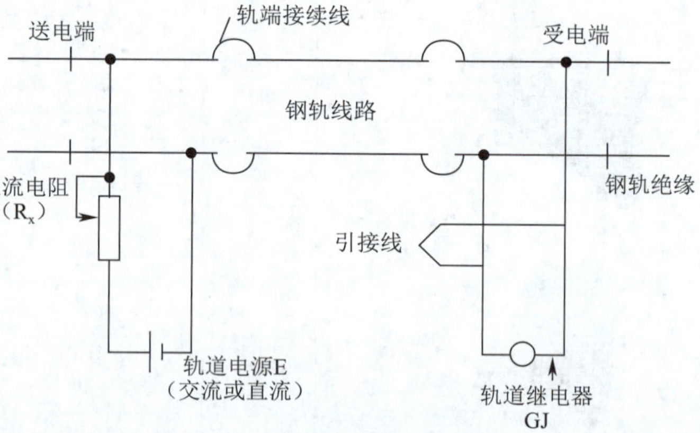

图 3-1　最简单的轨道电路

轨道电流从电源正极流出，经限流电阻 R_x、钢轨、轨道继电器 GJ 线圈回到电源负极，当轨道电路内钢轨完整，没有列车占用轨道时，轨道继电器 GJ 吸起，表示轨道电路空闲。这时轨道电路处于调整状态，如图 3-2 所示。

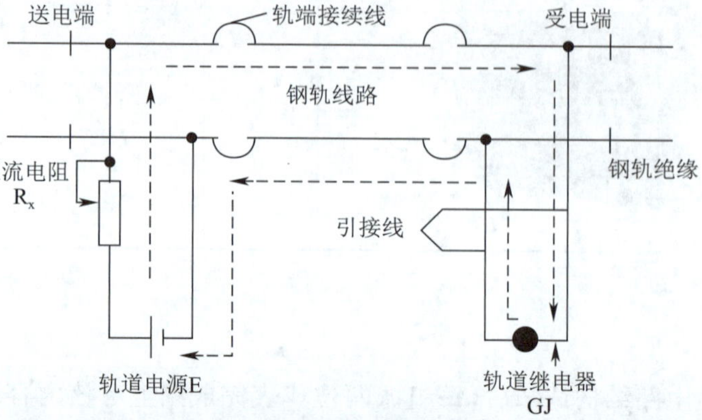

图 3-2　调整状态

当轨道电路有列车占用时，轨道电路被轮对分路，轮对电阻远小于轨道继电器线圈的电阻，流经轨道继电器 GJ 的电流大大减小。轨道继电器 GJ 落下，表示轨道电路被占用，这时轨道电路处于分路状态，如图 3-3 所示。

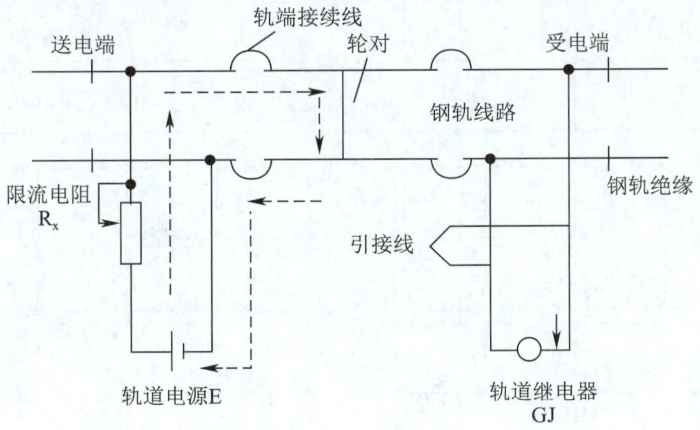

图 3-3　分路状态

当轨道电路发生断轨或断线等故障时，轨道继电器 GJ 中无电流通过，GJ 落下，这时轨道电路处于断轨状态，如图 3-4 所示。

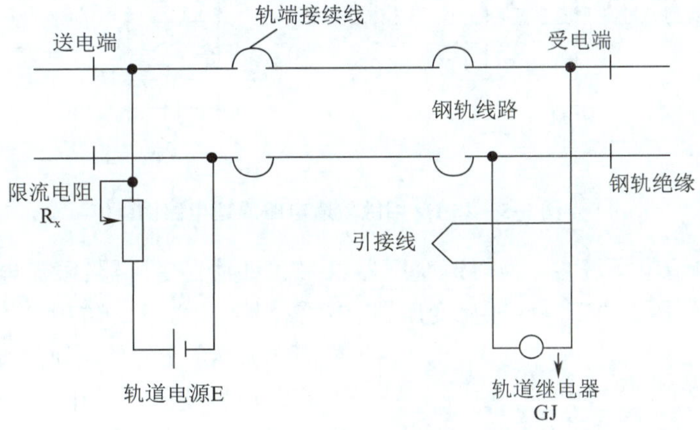

图 3-4　断轨状态

由以上分析可以看出，轨道电路的第一个作用是监督列车的占用情况，列车运行到哪一区段，控制台上所在区段就会显示红光带。利用轨道电路监督列车占用情况是最常用的方法。

轨道电路的第二个作用是传递行车信息。有的轨道电路，如移频自动闭塞区段，利用轨道电路传递不同的低频频率来反映前行列车的位置，决定通过信号机的显示，为列车运行提供行车命令。

二、25 Hz 相敏轨道电路认知

我国铁路电气化区段采用 50 Hz 牵引电流供电，钢轨中要传递牵引电流和轨道电流，如何做到两种电流互不干扰？这就对轨道电路的工作频率提出了要求，必须采用非工频制式，

25 Hz 相敏轨道电路因对牵引电流的干扰有有效可靠的防护，在站内得到了广泛应用。

1. 25 Hz 相敏轨道电路组成

25 Hz 相敏轨道电路由送电端、受电端、钢轨、钢轨绝缘以及连接线组成，原理电路如图 3-5 所示。

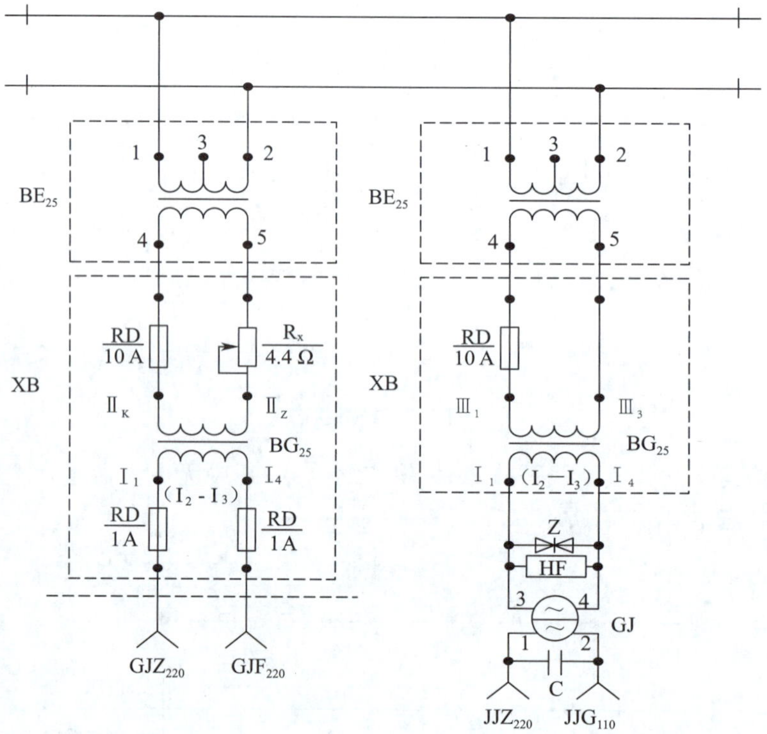

图 3-5　25 Hz 相敏轨道电路原理电路图

送电端包括轨道电源、BG_{25} 型轨道变压器、BE_{25} 型扼流变压器、限流电阻 R_X 等；受电端包括 BG_{25} 型轨道变压器、BE_{25} 型扼流变压器、防雷补偿器、25 Hz 防护盒 HF、交流二元 GJ、局部电源等。送、受端轨道变压器和限流电阻安装在信号变压器箱中，信号变压器箱和扼流变压器现场安装如图 3-6 所示。

图 3-6　信号变压器箱和扼流变压器

2. 25 Hz 相敏轨道电路各部分的功能

轨道电源用于室内向室外送 220 V/25 Hz 轨道电压；局部电源为轨道继电器的局部线圈(1、2)提供 110 V/25 Hz 局部电压。

轨道变压器，在送电端和受电端用的是同一型号，在 25 Hz 相敏轨道电路中，作为送电端供电变压器或受电端交流二元 GJ 的匹配变压器，其外形和线圈电压如图 3-7 所示。

当用于送电端时作为供电变压器，根据轨道电路的不同类型、长度，调整变压器Ⅱ次侧端子，用于供出不同的电压。当用于受电端时作为匹配变压器，为使交流二元 GJ 的高阻抗与轨道的低阻抗相匹配，保证 GJ 正常工作，受端轨

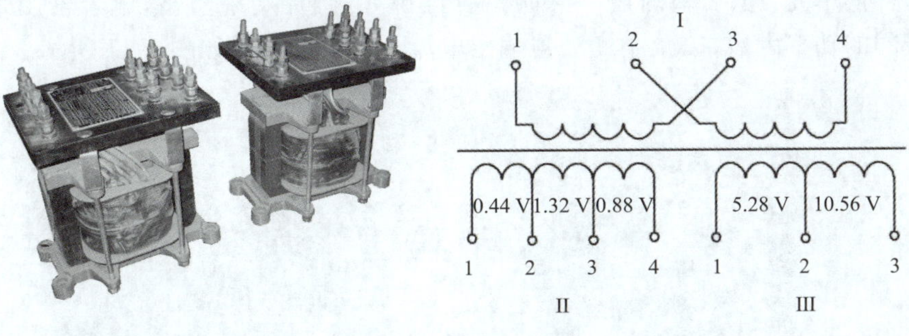

（a）外形　　（b）线圈电压

图 3-7　轨道变压器

道变压器固定使用，有扼流时 1∶13.89(15.84 V 挡)，无扼流时 1∶50(4.4 V 挡)。

轨道电路发送端、接收端均设置扼流变压器，在电气化区段，用于沟通牵引电流，保证信号电流的传输，如图 3-8 所示。两根钢轨中的牵引电流在轨道绝缘处流入扼流变压器，通过扼流变压器的上部线圈和下部线圈，再通过中连板流向另一扼流变压器的上部线圈和下部线圈，这样牵引电流就流过了绝缘节，实现了由于绝缘节的存在牵引电流无法回流的问题。

扼流变压器接钢轨一侧是牵引线圈，接设备一侧是信号线圈，牵引线圈和信号线圈的变比是 1∶3，其中牵引线圈是 8+8 共计 16 匝，信号线圈是 48 匝，送电端是降压，受电端是升压。扼流变压器内部如图 3-9 所示。

图 3-8　扼流变压器

送端限流电阻 R_x 用于调整供电电流、保护电源，调整 R_x 可提高分路灵敏度，如图 3-10 所示。阻值使用规定：无扼流时一送一受 0.9 Ω，一送多受 1.6 Ω，有扼流时 4.4 Ω。应注意送电端限流电阻固定使用，不允许调整。

图 3-9　扼流变压器内部

图 3-10　限流电阻

防雷补偿器又称防雷硒堆，为对接的硒片和电容器，有 FB-1、FB-2 两种类型。FB-1 型内设两套防雷补偿单元，FB-2 型内设一套防雷补偿单元，硒片用来防雷，电容器用来提高轨道电路局部线圈的功率因数，以减小变频器输出电流。防雷补偿器如图 3-11 所示。

（a）FB-1 防雷补偿器　　（b）FB-2 防雷补偿器

图 3-11　防雷补偿器

防护盒由电感、电容串联而成，1、3 端子并接于 GJ 轨道线圈两端。HF4 型防护盒如图 3-12 所示。防护盒对 50 Hz 呈串联谐振，相当于 15 Ω 电阻，抑制干扰电流；对 25 Hz 信号电流相当于 16 μF 电容，对 25 Hz 信号电流进行无功补偿，减少轨道电路传输衰耗和相移。

交流二元继电器作为受电端轨道继电器使用，具有可靠频率和相位选择性，吸起表示轨道电路空闲，落下表示轨道电路占用，用于反映轨道区段的占用和出清，1、2 线圈接局部电源，3、4 线圈接轨道电源，如图 3-13 所示。

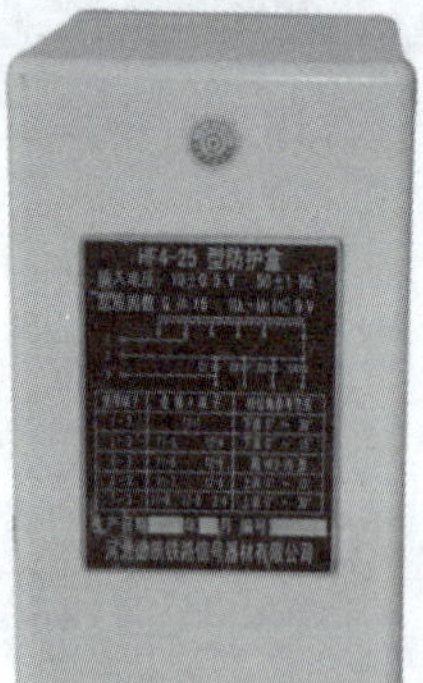

图 3-12　HF4 型防护盒

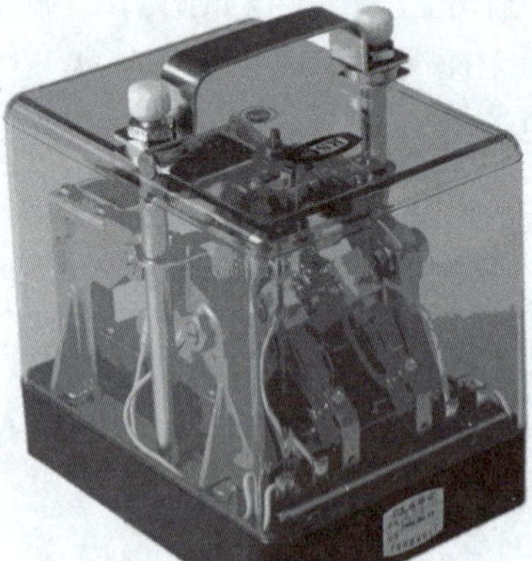

图 3-13　交流二元继电器

钢轨绝缘是保证相邻轨道电路之间可靠的电气绝缘，安装在轨道电路分界处，使它们互不影响，如图 3-14 所示。除了钢轨绝缘外，轨道电路区段的轨距保持杆、道岔连接杆、道岔连接垫板、尖端杆、转辙机的安装装置以及其他有导电性能的，连接两钢轨的配件，均应装设绝缘并应保持绝缘良好。否则，任一连接杆件绝缘不良，都会破坏轨道电路的正常工作。

轨道电路连接线包括引接线、接续线以及道岔跳线。

(1)钢轨引接线连接轨道电路送、受端变压器箱或电缆盒与钢轨的连线，如图 3-15 所示。

图 3-14　钢轨绝缘

图 3-15　钢轨引接线

(2)接续线用于轨道电路接缝处的连接，以减小接触电阻。接续线有塞钉式和焊接式两种，塞钉式钢轨接续线如图 3-16 所示。

(3)为了保证信号电流的畅通，道岔区段除接续线外，还需装设道岔跳线，如图 3-17 所示。

图 3-16　塞钉式钢轨接续线

图 3-17　道岔跳线

3. 25 Hz 相敏轨道电路工作原理

轨道电路在调整状态时，由电源屏提供的轨道电源，通过电缆，送至室外送电端变压器箱中的轨道变压器的Ⅰ次线圈上，经 BG_{25} 轨道变压器降压、限流电阻 R_x、BE_{25} 扼流变压器，接到钢轨上，经钢轨传输到受电端的 BE_{25} 扼流变压器上，再经 BG_{25} 轨道变压器升压，通过电缆接到室内交流二元 GJ 的 3-4 线圈上。与此同时，由电源屏提供的局部电源加到室内交流二元 GJ 的 1-2 线圈上。当局部线圈电源电压的相位超前于轨道线圈电源电压相位 90°时，即满足规定的频率、相位要求时，GJ 吸起，表示轨道电路空闲，如图 3-18 所示。

当列车占用轨道电路时，轨道电路被分路，GJ 落下。若频率、相位不符合要求时，GJ 也落下，如图 3-19 所示。同样，断轨状态下，轨道继电器 GJ 也会无电落下。

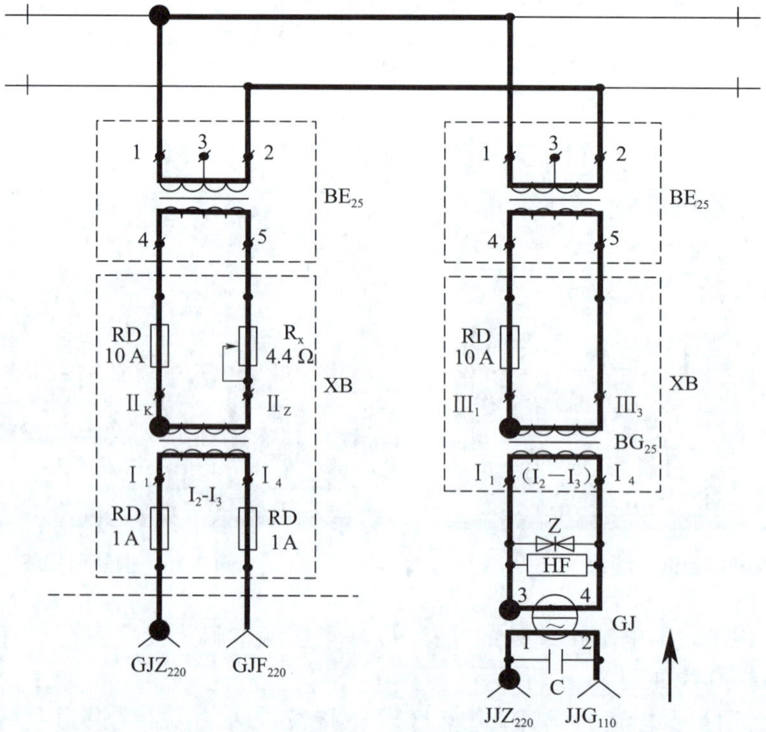

图 3-18　调整状态

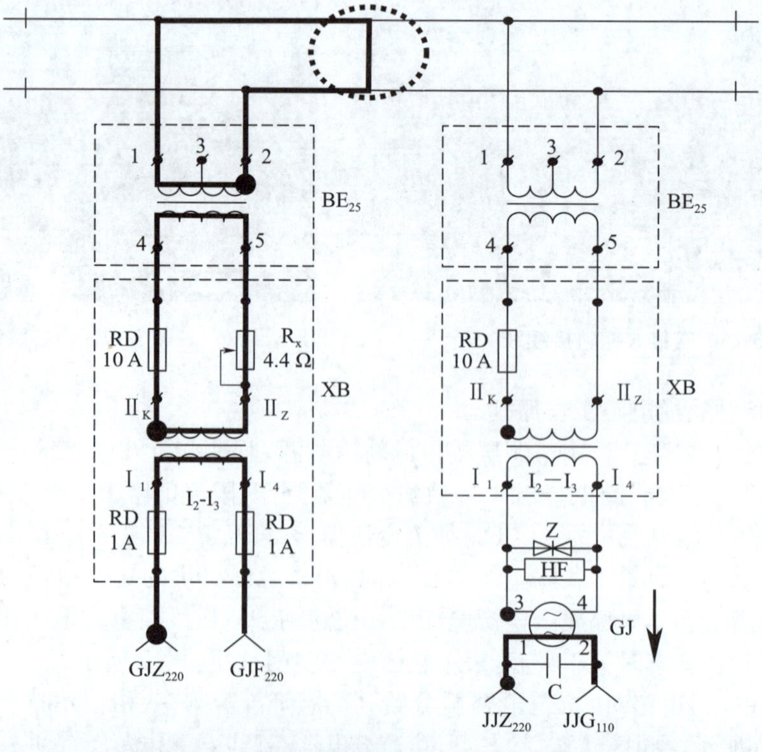

图 3-19　分路状态

【任务评价】

<table>
<tr><td>项目名称</td><td colspan="2"></td><td>任务名称</td><td></td></tr>
<tr><td>小组成员</td><td colspan="2"></td><td>综合评分</td><td></td></tr>
<tr><td rowspan="5">学生自评</td><td colspan="4">理论任务完成情况</td></tr>
<tr><td>序号</td><td>知识考核点</td><td>自评意见</td><td>自评结果</td></tr>
<tr><td>1</td><td></td><td></td><td></td></tr>
<tr><td>2</td><td></td><td></td><td></td></tr>
<tr><td>3</td><td></td><td></td><td></td></tr>
<tr><td>学习小组评价</td><td colspan="4">学习效率□ 信息获取能力□ 交流沟通能力□
（根据完成任务情况填写：A 优秀；B 良好；C 合格；D 有待改进）</td></tr>
<tr><td>教师评价</td><td colspan="4"></td></tr>
</table>

【练习与思考】

1. 在电气化区段为什么不能用工频交流连续式轨道电路？

____

2. 简述 25 Hz 相敏轨道电路工作原理。

____

任务二 轨道电路测试

【任务导入】

在轨道电路维护中，我们要对轨道电路进行测试，测试各设备的参数，以此来判断轨道电路工作是否能正常。本次任务我们学习轨道电路测试。

【任务目标】

1. 会测试轨道电路的各个电气参数。
2. 熟练使用万用表。

【准备材料及工具】

准备万用表（指针式万用表或数字式）、0.06 Ω 标准分路线，如图 3-20 所示。

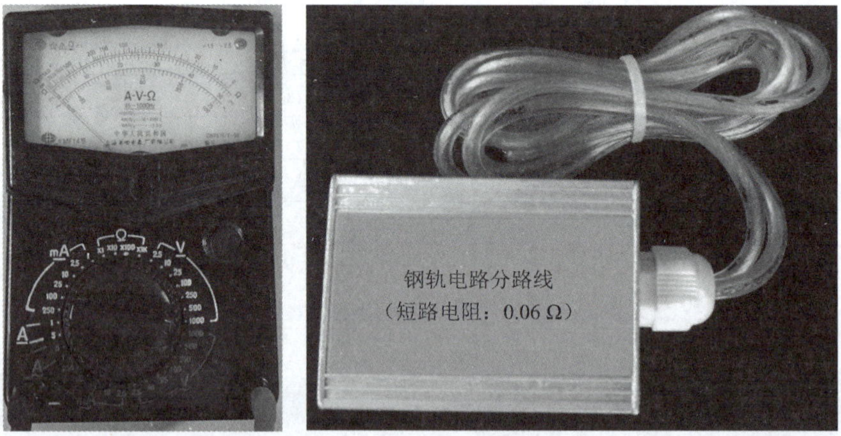

（a）万用表　　（b）0.06 Ω 标准分路线

图 3-20　材料及工具

【任务实施】

25 Hz 相敏轨道电路的测试主要包括：送电端各点电压、受电端各点电压、和 GJ 电压。测试实训基地 25 Hz 相敏轨道电路相应数据，并做好记录，填写在表 3-3 和表 3-4 中。

表 3-3　25 Hz 相敏轨道电路室外测试记录

日期	BG_{25} 变压器（V）		限流电阻电压（V）	信号线圈（V）	牵引线圈（V）	轨面电压（V）	备注（送或受）
	Ⅰ次	Ⅱ次					

表 3-4　室内轨道继电器测试记录

日期	区段名称	调整状态	分路状态
		轨道线圈电压（V）	轨道线圈残压（V）

【活动过程】

一、送电端测试

1. BG_{25} 轨道变压器Ⅰ次侧电压测试

测试方法：将万用表置交流 250 V 电压挡，然后放平万用表，红、黑表笔分别接送电端 BG_{25} 轨道变压器的Ⅰ次侧 1、4 端子，如图 3-21 所示。

（a）交流 250 V 挡　　（b）Ⅰ次电压测试

图 3-21　BG_{25} 轨道变压器Ⅰ次电压测试

2. BG_{25} 轨道变压器Ⅱ次侧电压测试

测试方法：对比 25 Hz 轨道电路调整表，找出 BG_{25} 轨道变压器Ⅱ次侧接线端子，万用表置交流 10 V 挡，红、黑表笔分别接输出端子，如图 3-22 所示。

（a）交流 10 V 挡　　（b）Ⅱ次电压测试

图 3-22　BG_{25} 轨道变压器Ⅱ次电压测试

3. 限流电阻电压测试

测试方法：固定抽头限流电阻在送电端使用的是最大值即 4.4 Ω，接线端子为 1、6 端，将万用表置交流 10 V 挡，红、黑表笔分别接 1、6 端子，如图 3-23 所示。

(a) 交流 10 V 挡

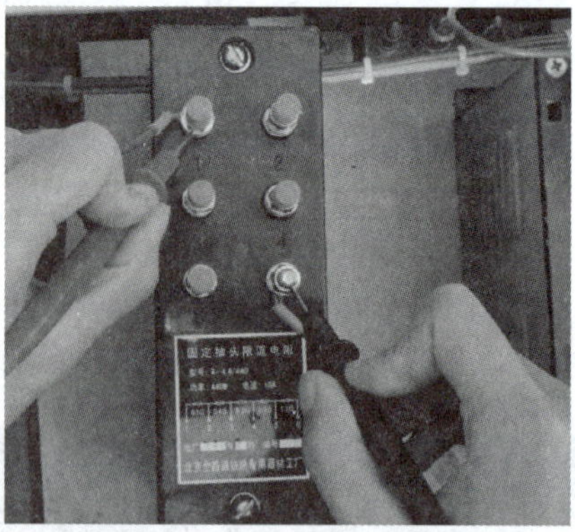

(b) 限流电阻电压测试

图 3-23　限流电阻电压测试

4. 扼流变压器信号线圈、牵引线圈电压测试

测试方法:将万用表置交流 10 V 挡,表笔分别接在信号线圈的两个端子上,即可测出信号圈电压;将万用表置交流 2.5 V 挡,表笔分别接在牵引线圈的使用端子上,即可测出牵引线圈电压。信号线圈电压与牵引线圈电压之比为 3∶1。

5. 送电端轨面电压测试

测试方法:将万用表置交流 2.5 V 挡,在送电端轨面上找到接触良好的点,红、黑表笔分别接轨道两根钢轨轨面,其数值近似于扼流变压器牵引线圈电压。

二、受电端测试

1. 受电端轨面电压测试

测试方法:将万用表置交流 2.5 V 挡,在受电端轨面上找到接触良好的点,红、黑表笔分别接轨道两根钢轨轨面。

2. 扼流变压器信号线圈、牵引线圈电压测试

测试方法同"送电端测试"。

3. BG_{25} 轨道变压器Ⅱ次侧电压测试

测试方法:将万用表置交流 2.5 V 挡,红、黑表笔分别接受电端 BG_{25} 轨道变压器(BG_2-130/25 型)的Ⅱ次侧的Ⅲ-1 和Ⅲ-3 端子,如图 3-24 所示。

4. BG_{25} 轨道变压器Ⅰ次侧电压

测试方法:将万用表置交流 25 V 挡,红、黑表笔分别接受电端 BG_{25} 轨道变压器的Ⅰ次侧的 1、4 端子,如图 3-25 所示。

5. 轨道继电器 GJ 调整电压测试

测试方法:可在轨道电路测试盘直接读数,如图 3-26 所示或者将万用表置交流 25 V 挡,红、黑表笔分别接 GJ 轨道线圈的 3、4 端子测试。轨道电路测试盘是集中测试轨道电路参数的固定设备,安装在组合架上,可从盘面直接读相角和电压,盘面上装有电压表,用钮子开关作为控制开关。扳动一个开关后同时只能测量一个区段的轨道电路(一送多受轨道电路区段每个 GJ 各用一个开关分别控制)。测完后,开关应扳回原位。每个开关的上方装有铭牌,标明相应轨道电路的名称。

（a）交流 2.5 V 挡　　　　（b）Ⅱ次电压测试

图 3-24　BG_{25} 轨道变压器Ⅱ次电压测试

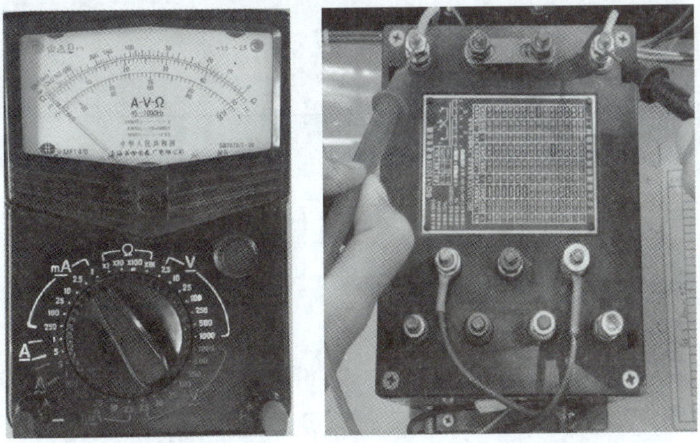

（a）交流 25 V 挡　　　　（b）Ⅰ次电压测试

图 3-25　BG_{25} 轨道变压器Ⅰ次电压测试

6. 轨道继电器 GJ 分路残压测试

扳动轨道电路测试盘对应区段开关，使所测区段在占用状态，利用轨道电路测试盘直接读数或者在室外用 0.06 Ω 标准分路线将轨道电路分路，将万用表置交流 10 V 挡，红、黑表笔分别接 GJ 轨道线圈的 3、4 端子测试。

7. 相位角测试

在轨道电路测试盘直接读数，如图 3-26 所示。

工作完成，清点工具、材料等，做到现场工完料清。

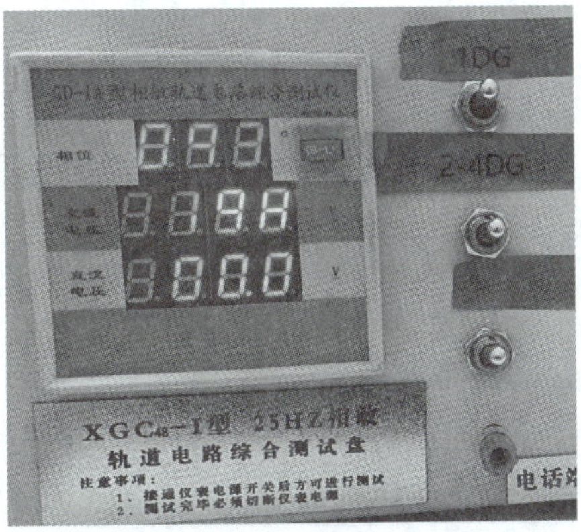

图 3-26　轨道电路测试盘

【活动评价】

在学习完轨道电路的测试后，每组派两位代表进行实操测试，相邻组派一名组员根据活动评分表 3-5 监督评分，事后监督员说出扣分缘由。

表 3-5 活动评分表

<table>
<tr><th>序号</th><th>主要内容</th><th>考核要求</th><th>配分</th><th>评分标准</th><th>得分</th></tr>
<tr><td>1</td><td>轨道电路的测试</td><td>能正确用仪表对轨道电路进行测试</td><td>70</td><td>1. 仪表准备齐全，缺一件扣 2 分，共 10 分。
2. 仪表使用不正确，扣 10 分。
3. 损坏器材、仪表，扣 10 分。
4. 侧错端子，每个端子扣 2 分，共 20 分。
5. 测试漏项，扣 10 分。
6. 测试数据记录要求填写字迹清晰，记录不清楚，扣 10 分</td><td></td></tr>
<tr><td>2</td><td>文明安全生产</td><td>劳保整齐，规范操作，出清收尾</td><td>30</td><td>1. 未正确佩戴劳保用品，扣 10 分。
2. 未规范操作，扣 10 分。
3. 工具物料未出清，扣 10 分</td><td></td></tr>
<tr><td colspan="2">合计(总分)</td><td></td><td colspan="2">小组编号</td><td></td></tr>
</table>

【任务评价】

<table>
<tr><td>项目名称</td><td colspan="2"></td><td>任务名称</td><td></td></tr>
<tr><td>小组成员</td><td colspan="2"></td><td>综合评分</td><td></td></tr>
<tr><td rowspan="11">学生自评</td><td colspan="4">理论任务完成情况</td></tr>
<tr><td>序号</td><td>知识考核点</td><td>自评意见</td><td>自评结果</td></tr>
<tr><td>1</td><td></td><td></td><td></td></tr>
<tr><td>2</td><td></td><td></td><td></td></tr>
<tr><td>3</td><td></td><td></td><td></td></tr>
<tr><td colspan="4">训练任务完成情况</td></tr>
<tr><td>项目</td><td>内容</td><td>评价标准</td><td>自评结果</td></tr>
<tr><td>训练准备</td><td></td><td></td><td></td></tr>
<tr><td>训练方法</td><td></td><td></td><td></td></tr>
<tr><td>质量考核</td><td></td><td></td><td></td></tr>
<tr><td>安全考核</td><td></td><td></td><td></td></tr>
<tr><td>学习小组评价</td><td colspan="4">团队合作□ 动手操作能力□ 信息获取能力□ 交流沟通能力□
(根据完成任务情况填写：A 优秀；B 良好；C 合格；D 有待改进)</td></tr>
<tr><td>教师评价</td><td colspan="4"></td></tr>
</table>

【练习与思考】

1. 25 Hz 相敏轨道电路测试有哪些参数？

2. 受端轨道变压器Ⅱ次侧电压和室内侧的 GJ 电压哪个大？为什么？

3. 送、受电端轨面电压哪个大？为什么？

任务三　轨道电路检修

【任务导入】

在轨道电路维护中，我们要对轨道电路进行测试，测试各设备的参数，以此来判断轨道电路工作是否能正常。本次任务我们学习轨道电路检修。

【任务目标】

1. 掌握轨道电路检修作业程序及技术标准。
2. 能够按照《铁路技术管理规程（普速铁路部分）》《普速铁路信号维护规则　技术标准》的要求进行轨道电路的检修作业。
3. 能够正确选用检修工具、材料、仪器仪表。

【准备材料及工具】

工具：通信工具、设备钥匙、手锤、冲子、扁铲、活口扳手、标准分路线等。

材料：轨端接续线、跳线、绝缘管、绝缘垫、黑胶布、相关零小材料、扁油刷、油壶、擦拭用品等。

仪表：万用表、移频表、钳形表。

【任务实施】

轨道电路集中检修作业流程如下：

作业前准备 → 登记联系 → 集中检修 → 销记汇报 → 工作总结

【活动过程】

一、作业前准备

(1)召开班前布置会，作业负责人布置日常养护任务，明确作业地点、时间、任务及相关人员分工。

(2)作业负责人针对人员、环境等因素提出安全预想,确定安全关键点。安全员对安全关键点进行补充。

(3)准备工具、材料、仪器仪表。

(4)检查防护用品齐全,状态良好。室外防护员、驻站联络员试验通信工具。

二、登记联系

(1)驻站联络员在"行车设备检查登记簿"内按规定格式登记。

(2)室外防护员到达现场后,与驻站联络员通话试验,联系确认作业地点、轨道电路名称及工作内容,进行作业防护,确保通信畅通,如图 3-28 所示。

图 3-27 外部检修

三、集中检修

1. 外部检修(图 3-27)

(1)检查箱盒无破损,加锁良好。

(2)清扫设备外部及硬面,保持清洁,无杂草或异物。

(3)检查箱盒基础完整,不倾斜,不超限,符号(号码)清晰。

(4)对箱盒、信号锁进行擦拭、注油。

2. 内部检修

(1)箱盒密封良好,内部油饰良好。

(2)配线整齐,不破皮,不老化,无断股,线头不松动,防松标记良好,端子编号铭牌清晰,螺母垫片齐全紧固。

(3)螺母不松动,线头无损伤,螺母垫片齐全。

(4)限流电阻按规定调整,簧片接触良好,固定良好,不得随意调小,更不能调到零。

(5)器材端子固定良好,不锈蚀,器材不超期。

(6)检查扼流变压器箱内、外部良好。

(7)引入孔、绝缘胶不龟裂,无废孔。

(8)箱内变压器、隔离盒、限流电阻、防雷元件(齐全、有效)等固定良好,无过热现象,各种器材用途铭牌齐全清楚,如图 3-28 所示。

(9)熔断器安装牢固,容量符合标准。

(10)箱盒内接地线齐全,接触良好,接地电阻符合标准。

(11)电缆去向铭牌齐全清楚,结、配线图清晰正确。

(12)箱盒内部清洁,无异物。

(13)检查防雷元件无劣化指示,无外观不良现象。

3. 引接线、跳线及接续线检修

(1)箱盒引接线固定良好,无混电可能,引接螺栓不松动,绝缘管垫完好,引接线塞钉孔距接头夹板边缘应为 100 mm 左右。

(2)跳线长度适当,固定良好,过轨长跳线卡钉不得钉在工务铁垫板下。

(3)钢轨接续线不脱焊、无单断,双接续线应绑扎,线条密贴接头夹板,保持平、紧、直。

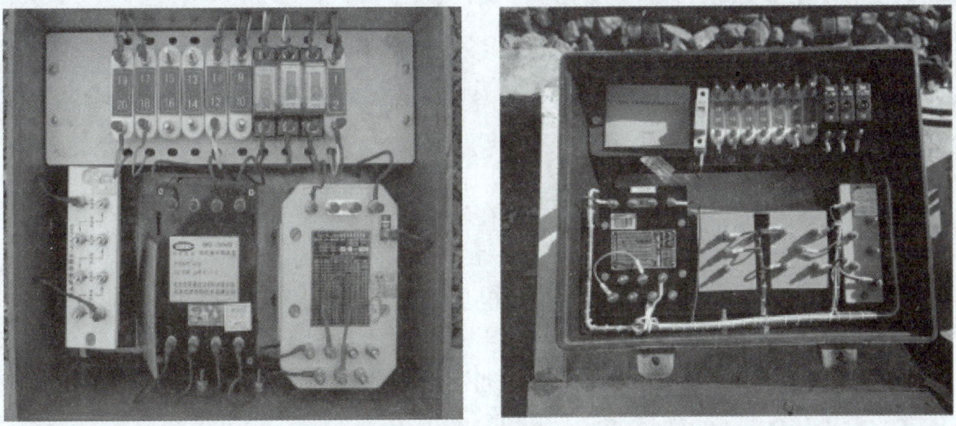

（a）　　　　　　　　　　（b）

图 3-28　变压器箱内

（4）跳线和引接线的长度、规格适当，焊接牢固；应平直地固定在枕木或其他专用的设备上，不得埋于石砟中，并须涂油防蚀，断根不得超过 1/5，跳线和引接线处不得有防爬器和轨距杆等物。穿越钢轨处，距轨底不应小于 30 mm，不得与可能造成短路的金属件接触，过轨卡子固定良好无破损，如图 3-29 所示。检查防腐引接线绝缘外皮无老化或破裂，对破皮的防腐线及时进行更换。

（5）检查各类防护线无破皮、膨胀变形。

（6）引接线、跳线及接续线塞钉打入深度最少与轨腰平，露出不超过 5 mm，塞钉无肥边、封头良好；对缺油的钢轨接续线涂油，对于使用的免维护轨道连接线，检查绝缘胶皮无破损，发现问题及时处理。塞钉头如图 3-30 所示。

图 3-29　引接线

图 3-30　塞钉头

（7）等电位线安装、紧固良好（防松措施采用双螺母紧固），断股（包括脱扣）不超标。

4. 轨道绝缘检修

（1）钢轨绝缘（槽形、轨端、管垫）良好无破损，工务轨端无肥边，接头夹板螺栓外观不松动，道钉（包括扣铁、弹簧）不碰接头夹板，无短路、混电可能，如图 3-31 所示。

（2）道岔连接杆、安装装置、尖端杆绝缘、轨距杆绝缘等绝缘良好，外观无破损，进行相应的测试，绝缘电阻满足规定要求。

图 3-31　钢轨绝缘良好

5. 测试

(1)调整状态。轨道继电器轨道线圈(电子接收器轨道接收端)上的有效电压不小于 15 V,且不得大于调整表规定的最大值。

(2)分路状态。用 0.06 Ω 标准分路电阻线在轨道电路送、受电端轨面上分路时,轨道继电器(含一送多受的其中一个分支的轨道继电器)端电压:旧型应不大于 7 V;97 型应不大于 7.4 V。用 0.06 Ω 标准分路电阻线在轨道电路送、受电端轨面上分路时,电子接收器(含一送多受的其中一个分支的电子接收器)的轨道接收端电压应不大于 10 V。

(3)测量电源电压:将万用表置于适当挡位,将表笔分别接在端子上进行测量。

(4)测量送电变压器Ⅰ、Ⅱ次侧电压。将万用表置于适当挡位,表笔分别接在变压器 $Ⅰ_1$、$Ⅰ_4$ 端子上,测试结果应与电源电压相同;将万用表置于适当挡位,表笔分别接在变压器Ⅱ次侧的使用端子上,即可测出Ⅱ次侧电压值。

(5)测量限流电阻压降。将万用表置于适当挡位,表笔分别接在限流电阻的端子上,即可测出其压降值。

(6)测试扼流变压器信号线圈、牵引线圈电压。将万用表置于适当挡位,表笔分别接在信号线圈的两个端子上,即可测出信号圈电压;将万用表置于适当挡位,表笔分别接在牵引线圈的使用端子上,即可测出牵引线圈电压。信号线圈电压与牵引线圈电压之比为 3∶1。

(7)送电端轨面电压。将万用表置于适当挡位,表笔分别接在送电端轨面上,即可测出送电端轨面电压。电压值接近扼流变压器牵引线圈电压。

(8)检修人员在 25 Hz 相敏轨道电路测试卡上将测试结果登记。

(9)使用钳形表测试轨道扼流变引接线电流值。

注:25 Hz 相敏轨道电路因结构、长度的不同,测试结果也会不同,每个区段一般在开通时调整好,因此测试时,可比照第一次的测试记录,若变化较大,则应及时查找原因。

6. 设备复查

对作业范围内的设备进行复查记录,对工器具、材料进行核对清点,确认无遗漏。

四、销记汇报

检修作业完毕,人员及作业机具全部下道后,由作业负责人向驻站联系人汇报,驻站联系人员方可办理销记并交付使用。

五、工作总结

(1)作业人员汇报当日工作完成情况、设备缺点克服情况及遗留问题。

(2)作业负责人总结当日作业情况、劳动安全作业纪律执行情况。

(3)对设备遗留问题录入问题库。

(4)填写检修相关记录。

【活动评价】

在学习完轨道电路的检修后，每组同学分工扮演不同角色进行实操检修，相邻组派一名组员根据活动评分表3-6监督评分，事后监督员说出扣分缘由。

表3-6 活动评分表

序号	主要内容	考核要求	配分	评分标准	得分
1	轨道电路的检修	能用正确工具、材料、仪表对轨道电路检修	70	1. 工具、材料、仪表准备齐全，缺一件扣2分，共10分。 2. 工具、材料、仪表使用不正确，每次扣2分，共10分。 3. 损坏器材、工具、仪表，扣10分。 4. 未按照检修流程，扣10分。 5. 检修时测试数据不正确，每项扣5分，共20分。 6. 测试数据记录要求填写字迹清晰，记录不清楚，扣10分	
2	文明安全生产	劳保整齐，规范操作，出清收尾	30	1. 未正确佩戴劳保用品，扣10分。 2. 未规范操作，扣10分。 3. 工具物料未出清，扣10分	
合计（总分）			小组编号		

【任务评价】

<table>
<tr><td colspan="2">项目名称</td><td colspan="2"></td><td>任务名称</td><td></td></tr>
<tr><td colspan="2">小组成员</td><td colspan="2"></td><td>综合评分</td><td></td></tr>
<tr><td rowspan="11">学生自评</td><td colspan="5">理论任务完成情况</td></tr>
<tr><td>序号</td><td colspan="2">知识考核点</td><td>自评意见</td><td>自评结果</td></tr>
<tr><td>1</td><td colspan="2"></td><td></td><td></td></tr>
<tr><td>2</td><td colspan="2"></td><td></td><td></td></tr>
<tr><td>3</td><td colspan="2"></td><td></td><td></td></tr>
<tr><td colspan="5">训练任务完成情况</td></tr>
<tr><td>项目</td><td colspan="2">内容</td><td>评价标准</td><td>自评结果</td></tr>
<tr><td>训练准备</td><td colspan="2"></td><td></td><td></td></tr>
<tr><td>训练方法</td><td colspan="2"></td><td></td><td></td></tr>
<tr><td>质量考核</td><td colspan="2"></td><td></td><td></td></tr>
<tr><td>安全考核</td><td colspan="2"></td><td></td><td></td></tr>
<tr><td>学习小组评价</td><td colspan="5">团队合作□ 动手操作能力□ 信息获取能力□ 交流沟通能力□
（根据完成任务情况填写：A优秀；B良好；C合格；D有待改进）</td></tr>
<tr><td>教师评价</td><td colspan="5"></td></tr>
</table>

【练习与思考】

1. 简述轨道电路的检修过程。

2. 如何进行极性交叉检查？

项目四 道岔转辙设备维护

知识导图

- 道岔转辙设备维护
  - ZD6系列电动转辙机维护
    - ZD6系列电动转辙机结构认知
    - ZD6系列电动转辙机拆装
    - ZD6系列电动转辙机测试
    - ZD6系列电动转辙机调整
    - ZD6系列电动转辙机检修
  - 外锁闭装置认知
    - 外锁闭装置结构认知
    - 外锁闭装置拆分
  - ZYJ7型电液转辙机维护
    - ZYJ7型电液转辙机结构认知
    - ZYJ7型电液转辙机测试
    - ZYJ7型电液转辙机调整
    - ZYJ7型电液转辙机检修
  - S700K型电动转辙机维护检修
    - S700K型电动转辙机结构认知
    - S700K型电动转辙机拆分
    - S700K型电动转辙机检修

学习目标

知识目标

1. 掌握 ZD6 系列电动转辙机、S700K 型电动转辙机、ZYJ7 型电液转辙机、外锁闭装置的结构组成和工作原理。

2. 掌握 ZD6 系列电动转辙机、S700K 型电动转辙机、ZYJ7 型电液转辙机测试方法。

3. 掌握 ZD6 系列电动转辙机、S700K 型电动转辙机、ZYJ7 型电液转辙机密贴及缺口调整的方法。

4. 掌握ZD6系列电动转辙机、S700K型电动转辙机、ZYJ7型电液转辙机检修作业程序及技术标准。

5. 掌握ZD6系列电动转辙机、S700K型电动转辙机的拆分方法。

6. 掌握ZD6系列电动转辙机摩擦电流的调整方法。

能力目标

1. 能够正确测试ZD6系列电动转辙机、S700K型电动转辙机、ZYJ7型电液转辙机的各参数。

2. 能够完成ZD6系列电动转辙机、S700K型电动转辙机、ZYJ7型电液转辙机密贴及缺口调整。

3. 能够按照《铁路技术管理规程(普速铁路部分)》《普速铁路信号维护规则　技术标准》要求完成ZD6系列电动转辙机、S700K型电动转辙机、ZYJ7型电液转辙机检修作业。

4. 能够拆分ZD6系列电动转辙机、S700K型电动转辙机、外锁闭装置。

5. 能够调整ZD6系列电动转辙机摩擦电流。

素质目标

1. 培养学生分析问题和解决问题的能力。

2. 培养学生勤于思考、多角度、多方位分析问题的能力,让学生具备精益求精的工匠精神。

3. 能够树立"安全第一"的责任意识,培养遵章守纪的工作作风。

4. 养成善于与人沟通和交流的习惯,具有团队协作意识,善于总结经验。

项目描述

道岔转辙设备包括转辙机、外锁闭装置等,是直接关系行车安全的关键设备。道岔的操纵有电动和手动两种方式,手动方式是作业人员在现场直接操纵道岔的转换和锁闭,因其不适应铁路发展需要已基本淘汰。电动方式由各类转辙机转换和锁闭道岔,易于集中操纵,实现自动化。通过本项目的学习应掌握转辙机和外锁闭装置结构、拆分、测试、调整及检修方法,以便能及时更换零部件,完成道岔转辙设备维护,以达到"车站与区间信号设备维修岗位"的工作要求。

任务一　ZD6系列电动转辙机维护

【任务导入】

在我国铁路的各个车站内,内锁闭方式的ZD6系列电动转辙机得到了广泛应用。它主要安装在非提速区段车站的正线、侧线和高速铁路各车站的侧线上。ZD6系列电动转辙机由哪些部件组成?各个部件的作用是什么?它是如何带动道岔转换的?如何测试检修呢?下面带着这些问题开始学习。ZD6系列电动转辙机现场安装情况如图4-1所示。

【任务目标】

图 4-1　ZD6 系列电动转辙机现场安装情况

1. 掌握 ZD6 系列电动转辙机的结构、传动过程。

2. 掌握 ZD6 系列电动转辙机拆装过程。

3. 掌握 ZD6 系列电动转辙机的电气测试、摩擦电流调整方法。

4. 掌握 ZD6 系列电动转辙机密贴和缺口调整方法。

5. 掌握 ZD6 系列电动转辙机检修作业程序及技术标准。

6. 能够按照《铁路技术管理规程(普速铁路部分)》《普速铁路信号维护规则　技术标准》要求进行转辙机的测试、调整、检修作业。

7. 能够正确选用检修、测试工具、材料、仪表。

【任务实施】

学习活动一　ZD6 系列电动转辙机结构认知

【准备材料及工具】

准备手摇把、信号锁钥匙、ZD6 系列电动转辙机专用钥匙,如图 4-2 所示。

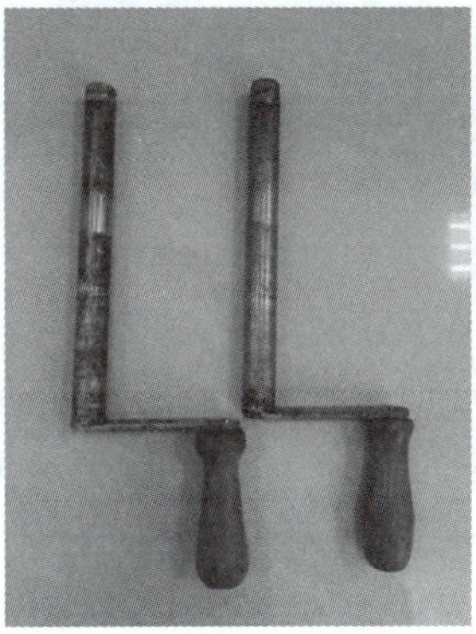

(a) 手摇把

(b) 信号锁钥匙

(c) ZD6系列电动转辙机专用钥匙

图 4-2　工具

学习【任务关联知识】相关内容后,按要求完成以下学习活动。

【活动过程】

查阅相关资料,用信号锁钥匙打开信号锁,再用 ZD6 系列电动转辙机专用钥匙,打开 ZD6 系列电动转辙机机盖,观察转辙机内部结构,断开遮断开关,插入手摇把摇动转辙机,观察转辙机的动作过程,理解转辙机的动作原理,将图 4-3 中 ZD6 系列电动转辙机主要部件及作用填入表 4-1 中。

图 4-3　ZD6 系列电动转辙机

表 4-1　ZD6 系列电动转辙机各部件名称及作用

序号	名　称	作　用
1		
2		
3		
4		
5		
6		
7		
8		
9		
10		

ZD6 系列电动转辙机的动作顺序为：电动机旋转→____。

【活动评价】

在学习完 ZD6 系列电动转辙机结构认知后，每组派两位代表完成以上考核内容，相邻组派一名组员根据活动评分表 4-2 监督评分，事后监督员说出扣分缘由。

表 4-2　活动评分表

序号	主要内容	考核要求	配分	评分标准	得分
1	ZD6 系列电动转辙机主要部件及作用	能够识别 ZD6 系列电动转辙机结构组成，正确指出各部件名称及作用	80	未能够正确指出各部件名称及作用，每项扣 4 分，共 80 分	

序号	主要内容	考核要求	配分	评分标准	得分
2	ZD6系列电动转辙机的动作顺序	能够熟练说出ZD6系列电动转辙机的动作顺序	20	未能够正确说出ZD6系列电动转辙机的动作顺序，扣20分	
合计（总分）			小组编号		

【任务关联知识】

ZD6系列电动转辙机是我国铁路广泛使用的转辙机。ZD6-A型电动转辙机是基本型，如图4-4所示。其他型号，如ZD6-D、ZD6-E、ZD6-J等，属于派生型号。

一、ZD6-A型电动转辙机结构

ZD6-A型电动转辙机由电动机、减速器、摩擦联结器、启动片、自动开闭器、主轴、锁闭齿轮、齿条块、动作杆、表示杆、齿条块、机盖、移位接触器、遮断开关、底壳等组成，内部结构如图4-5所示。

图4-4 ZD6系列电动转辙机

1. 电动机

采用直流串励电动机为转辙机提供动力，如图4-6所示，采用改变电枢绕组的电流方向来改变电动机的旋转方向，使它既能正转又能反转，带动道岔到定位或反位。电动机主要电气参数为：额定电压160 V；额定电流2.0 A；摩擦电流2.3～2.9 A；额定转速2 400 r/min；额定转矩0.882 6 N·m；单定子工作电阻(2.85±0.14)×2 Ω；刷间总电阻(4.9±0.245) Ω。

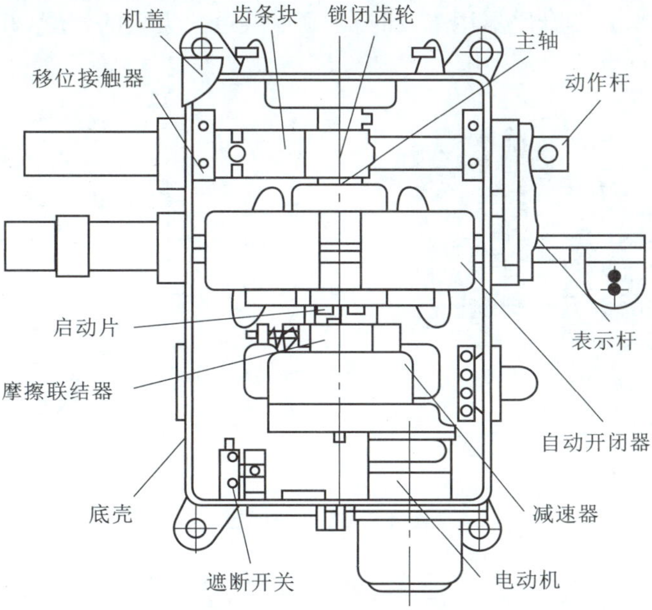

图4-5 ZD6-A型电动转辙机内部结构图

2. 减速器

减速器为两级传动，由第一级齿轮和第二级行星传动式减速器组成，第一级减速比为103∶27，第二级减速比为41∶1，总的减速比为(103/27)×(41/1)。两级间以输入轴联系，减速器由输出轴和主轴联系。减速器用来降低电动机转速以获得较大转矩，并完成传动。

3. 摩擦联结器

摩擦联结器构成输出轴与主轴之间的摩擦联结，消除电动机的转动惯性，防止尖轨受阻时损坏机件。减速器和摩擦联结器如图4-7所示。

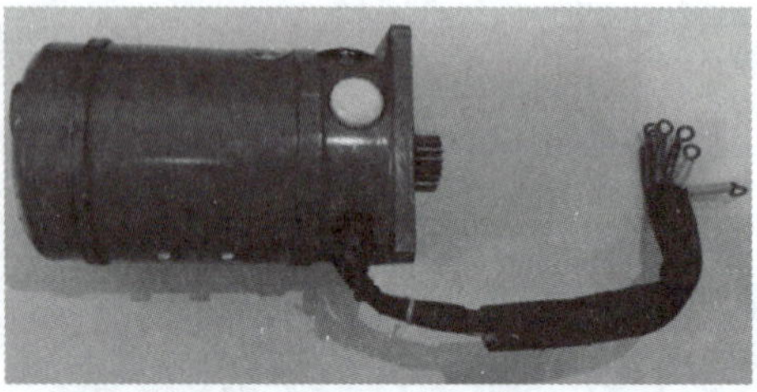

图4-6　电动机

图4-7　减速器和摩擦联结器

4. 启动片

启动片实现输出轴与主轴的连接，输出轴转动时带动启动片动作，启动片上的拨片钉带动速动片转动，速动片配合启动片完成解锁和锁闭功能，使速动爪落入其梯形凹槽之中。

5. 自动开闭器

自动开闭器由2排动接点组、4排静接点组、2个速动爪、2个检查柱等部件组成，如图4-8所示。站在电动机处观察，静接点自右往左分别为1、2、3、4排，每排有3组接点，自上而下顺序编号，通常情况下，1、3排闭合是定位表示，2、4排闭合是反位表示。自动开闭器的动作受启动片和速动片控制，自动开闭器用来及时、正确反映道岔尖轨的位置，并完成控制电动机和挤岔表示的功能。

(a)

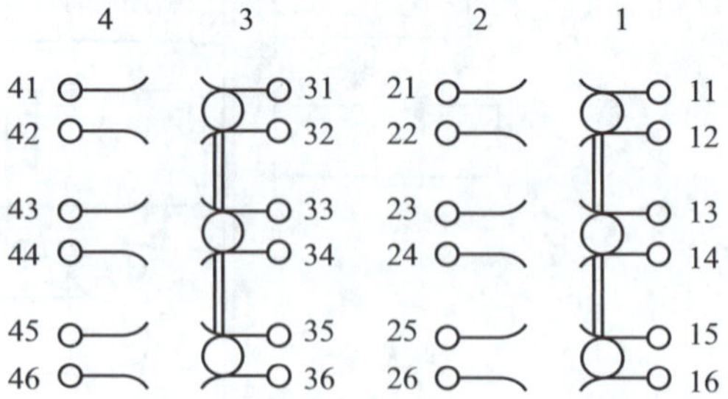

(b)

图4-8　自动开闭器

6. 主轴

主轴由输出轴通过启动片带动旋转，主轴旋转带动安装在上面的锁闭齿轮和齿条块配合，完成道岔的转换和锁闭。主轴和锁闭齿轮如图4-9所示。

7. 锁闭齿轮

锁闭齿轮旋转拨动齿条块，将转动变为平动，通过动作杆带动尖轨运动，完成转辙机内部锁闭作用。锁闭齿轮和齿条块如图 4-10 所示。

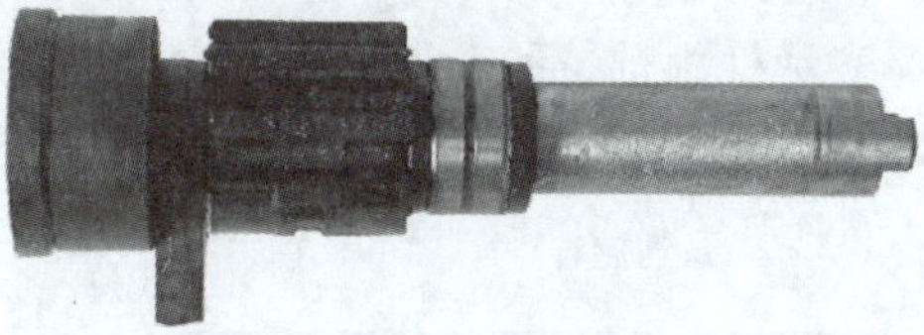

图 4-9　主轴和锁闭齿轮

8. 动作杆

动作杆通过挤切销和齿条块连成一体，正常动作时，齿条块带动动作杆，动作杆带动道岔动作。挤岔时，挤切销迅速折断，动作杆和齿条块分离，从而避免机内部件损坏。动作杆如图 4-11 所示，挤切销如图 4-12 所示，锁闭齿轮、齿条块、动作杆之间关系如图 4-13 所示。

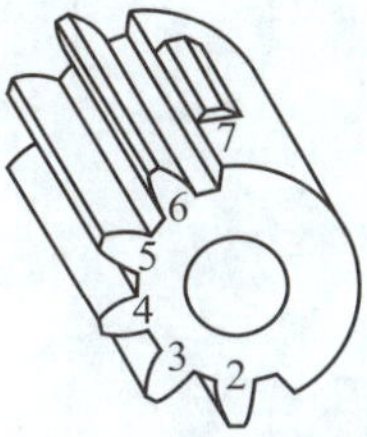

（a）

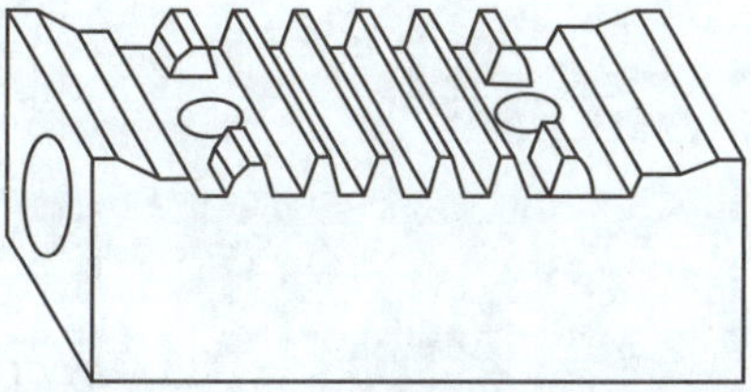

（b）

（c）

图 4-10　锁闭齿轮和齿条块

图 4-11　动作杆

图 4-12　挤切销

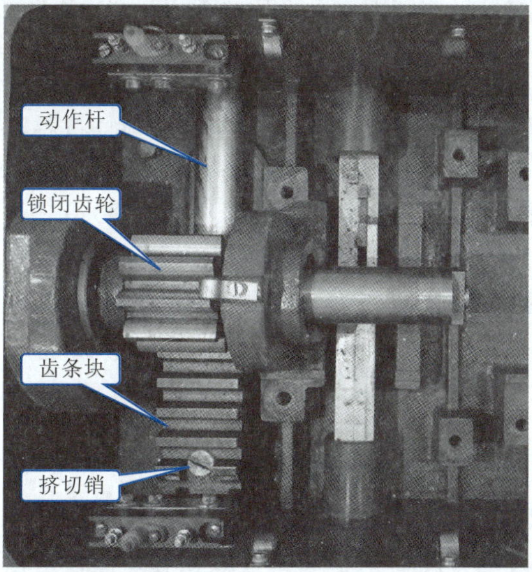

图 4-13　锁闭齿轮、齿条块、动作杆之间关系

9. 表示杆

表示杆由前、后表示杆及两个检查块组成。与道岔的表示连接杆相连，随道岔动作而移动，用来检查尖轨是否密贴，以及在定位还是在反位。表示杆如图 4-14 所示。

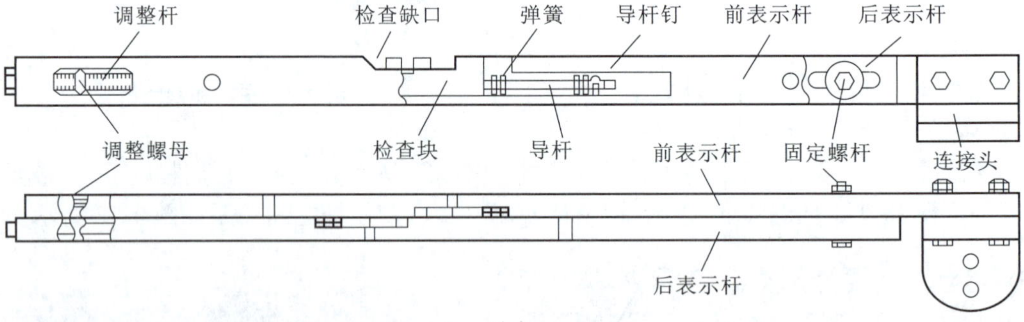

（a）

（b）

图 4-14　表示杆

道岔转换到位后，道岔锁闭，同时检查柱落入检查块的检查缺口内，动接点打入静接点内，接通表示电路，控制台上给出表示信号。

挤岔时，表示杆被推动，顶起检查柱，从而断开表示电路。

10. 移位接触器

挤岔时，除了检查柱抬起，使自动开闭器的第 2 排或第 3 排动接点离开静接点组，断开表示电路外，ZD6 系列电动转辙机还利用移位接触器来切断表示电路。

移位接触器共有两个，安装于机壳内侧，处于动作杆、齿条块的上方，如图 4-15 所示。它受齿条块内两端的顶杆控制。平时齿条块中的顶杆受弹簧弹力落入动作杆上的圆坑内。挤岔时，齿条块不动，挤切销折断，动作杆在齿条块内移动，顶杆将脱离动作杆上的圆坑而上升，将移位接触器的顶销顶起，断开它的接点，从而断开道岔表示电路。移位接触器上部有一个按钮，挤岔后恢复时，可按下此按钮，使移位接触器再次接通。

11. 遮断开关

遮断开关又叫安全接点，如图 4-16 所示，用于保证维修人员安全。正常使用时，遮断开关与道岔动作电路接通；维修时，打开机盖，断开遮断开关，切断动作电源，当信号楼内操作时，道岔不动，从而保证维修安全。

二、ZD6 系列电动转辙机整体动作过程

ZD6 系列电动转辙机的传动原理如图 4-17 所示。图中表示各机件所处位置是左侧锁闭状态（假设为定位），此时自动开闭器第 1、3 排接点闭合。假设道岔从定位向反位动作，ZD6 系列电动转辙机整体动作过程为：解锁→转换→锁闭，具体如下：

图 4-15　移位接触器

图 4-16　遮断开关

(1)电动机得电逆时针旋转。

(2)电动机通过齿轮带动减速器,此时输入轴按顺时针方向旋转,输出轴按逆时针方向旋转。

(3)输出轴通过启动片带动主轴,按逆时针方向旋转。

(4)锁闭齿轮随主轴逆时针方向旋转,锁闭齿轮在旋转中完成解锁、转换、锁闭 3 个过程。

(5)锁闭齿轮拨动齿条块,使动作杆带动道岔尖轨向右运动,密贴与右侧尖轨并锁闭。

(6)转换过程中,带动自动开闭器的动接点动作,与表示杆配合,断开第 1、3 排接点,接通第 2、4 排接点,完成电动转辙机转换、锁闭及给出道岔表示的任务。

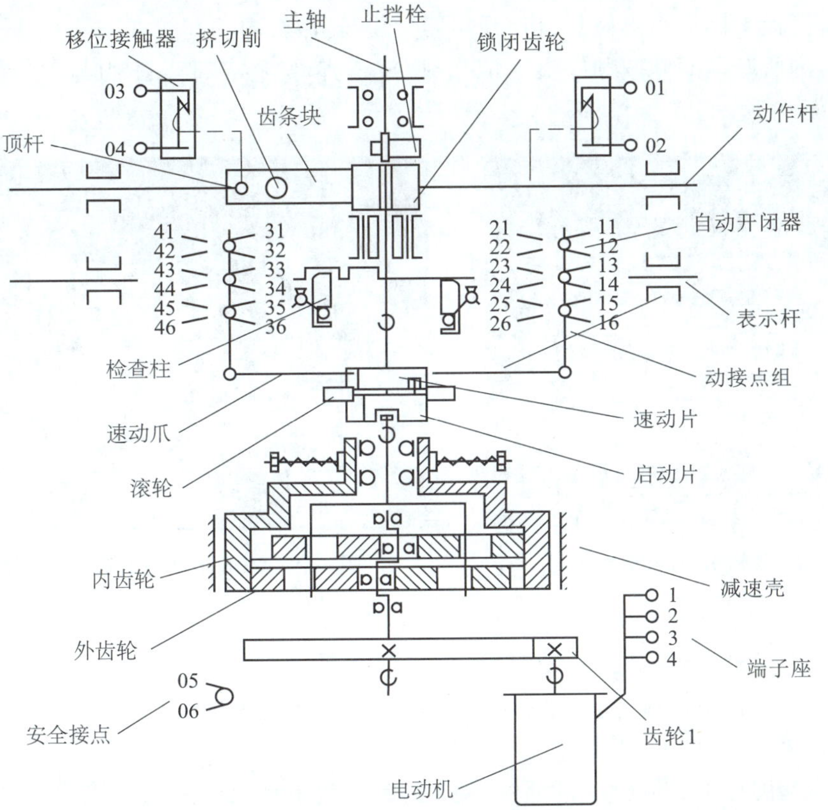

图 4-17　ZD6 系列电动转辙机的传动原理

学习活动二　ZD6 系列电动转辙机拆装

【准备材料及工具】

需准备的工具有：手摇把、信号锁钥匙、ZD6 转辙机专用钥匙、套筒、一字螺丝刀、起轴器、挤切销专用螺杆。

【活动目标】

每组同学按要求准备工具、材料，熟悉各种工具的名称、性能和使用方法，并整齐摆放在各组对应的转辙机旁边。通过拆装 ZD6 系列电动转辙机，熟悉转辙机的内部构造，理解转辙机的动作过程。

【活动过程】

一、拆分 ZD6 系列电动转辙机

拆分 ZD6 系列电动转辙机的步骤如下：

(1)利用手摇把手摇转辙机输入轴，观察转辙机动作过程、各部件动作情况。观察转辙机内、外部有无损坏、零部件是否齐全。将动作杆与表示杆摇至伸出、拉入状态，验证转辙机动作是否正常、有无磨卡现象。

(2)用套筒扳手拆下插接件及自动开闭器配线，转辙机内部配线如图 4-18 所示。

(3)将机内所有零部件按顺序拆下取出、摆放整齐，熟悉各部件作用与动作原理，拆除螺栓位置如图 4-19 所示。

图 4-18　转辙机内部配线

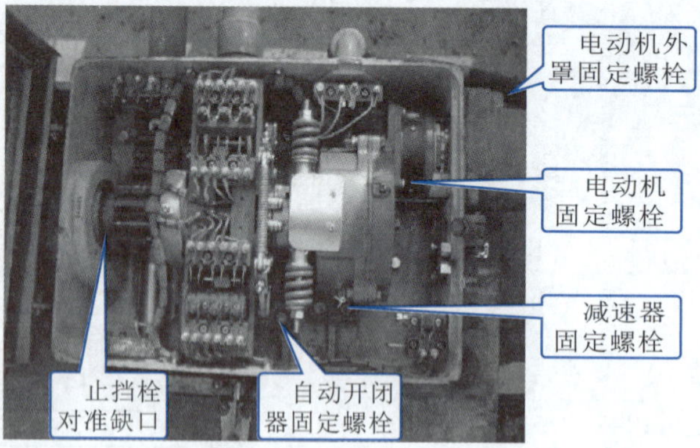

图 4-19　ZD6 系列电动转辙机拆除螺栓位置

分解过程应按下列顺序进行：

①拆下直流电动机外罩

用一字螺丝刀拧下直流电动机的外罩的螺栓，将外罩取下。

②拆下直流电动机

用一字螺丝刀拧下直流电动机螺栓，用套筒将直流电动机的 6 条连接线从电动机接线柱上取下，然后将电动机卸下。

③拆下减速器及摩擦联结器

用套筒拧下减速器底脚的 4 个固定螺栓，将减速器及摩擦联结器取下。

④拆下自动开闭器

用套筒拧下自动开闭器底脚的 4 个固定螺栓，将自动开闭器取下。

⑤取下启动片、速动片和速动片衬套

将启动片、速动片和速动片衬套从主轴上取下。

⑥拆下主轴

用套筒先将堵轴板卸下，然后将主轴上的止挡栓对准转辙机机壳的缺口，用起轴器将主轴及锁闭齿轮取出。

⑦取下挤切销、抽出动作杆

用一字螺丝刀将齿条块上的两个压盖螺堵旋下，取出弹簧垫圈，再将挤切销专用螺杆旋入挤切销，将挤切销取下，这时，动作杆就可以从齿条块中抽出。

注意：抽出动作杆时，观察齿条块上的两个顶杆的动作，不要把顶杆遗失，取出齿条块。

⑧抽出表示杆

将表示杆抽出，注意观察表示杆的缺口、检查块，此时，机壳基本空了，转辙机拆分完毕。

注意：在整个 ZD6 系列电动转辙机分解的过程中，要注意各部件连接的关系、外观形状及联结螺栓的型号。

ZD6 系列电动转辙机拆分完成如图 4-20 所示。

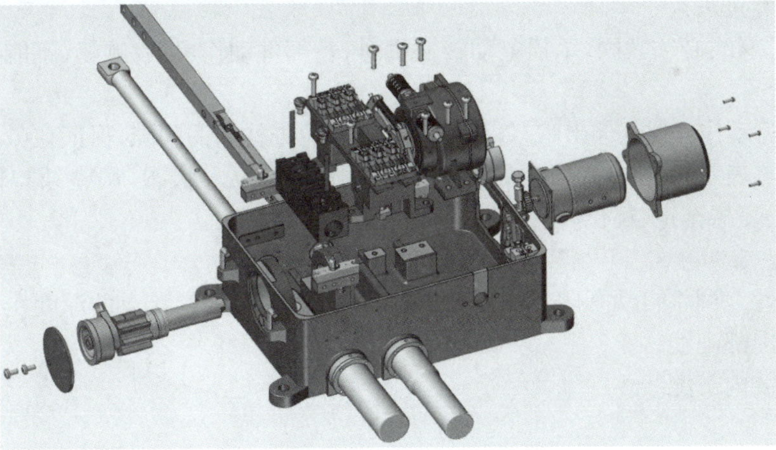

图 4-20　ZD6 系列电动转辙机

二、将拆下来的各部件进行正确安装

将机内所有零部件按顺序安装就位，无遗漏零部件紧固螺栓。组装过程应按下列顺序进行：

(1)安装动作杆与齿条块间的挤切销

先把齿条块放到位，将动作杆插入齿条块中，让齿条块上的顶杆落入动作杆的圆坑，使动作杆和齿条块上的孔对齐，再安装主、副挤切销，最后放上弹簧垫片，用一字螺丝刀旋紧齿条块上的两个压盖螺堵。

注意：在安装过程中，压盖螺堵一定要和齿条块面对齐，否则锁闭齿轮将不能正常转动乃至出现卡死现象。

(2)安装主轴

将动作杆处于伸出位置,用起轴器将主轴安装到位,拧上堵轴板。

(3)安装速动片、启动片

将动作杆处于拉入位置,接着分别安装速动片衬套、速动片和启动片。

注意:启动片和速动片的缺口一定要朝上,速动片衬套两侧的平面要垂直于机壳。

(4)安装减速器和摩擦联结器

先将减速器的输出圆盘对准启动片的缺口,放入减速器,最后用套筒拧紧减速器的4个底脚螺栓。可用手旋转减速器的输入轴,使减速器输出轴对准启动片缺口。

(5)安装自动开闭器

将自动开闭器的速动爪拢起,对准速动片衬套两侧平面,放入自动开闭器,最后用套筒拧紧4个底脚螺栓。

(6)安装直流电动机和电动机外罩

先安装直流电动机,用一字螺丝刀拧紧电动机螺栓,再用套筒将电动机的6条线分别安装到电动机接线柱上,最后安装电动机外罩,用一字螺丝刀拧紧电动机外罩螺栓。

注意:电动机接线柱的1接一条电机线(对应线1),2接一条电机线(对应线2),3接三条电机线(对应线3、线1′和线2′),4接一条电机线(对应线4)。

(7)安装表示杆

安装表示杆过程中要注意拨动自动开闭器的动接点或将转辙机处于“四开”位置,这样才能把表示杆安装进去。

注意:各部螺线必须紧固,手摇电动转辙机时,各部件动作灵活、顺畅、不能晃动。

(8)调整1

用手摇把将动作杆摇至伸出状态,调整检查块与检查柱间的间隙,保证在(1.5±0.5) mm,然后将动作杆与表示杆用连接板固定,再将动作杆摇至拉入状态,调整缺口间隙在(1.5±0.5) mm,再反复摇至定、反位,复查缺口间隙是否符合要求。

(9)调整2

用一字螺丝刀调整自动开闭器的调整螺栓,使动接点打入静接点的深度在4 mm以上。

(10)安装内部配线

用套筒安装内部配线。

【活动评价】

在学习完ZD6系列电动转辙机的拆卸与安装后,每组派两位代表进行实操拆装,相邻组派一名组员根据活动评分表4-3监督评分,事后监督员说出扣分缘由。

表4-3　活动评分表

序号	主要内容	考核要求	配分	评分标准	得分
1	ZD6系列电动转辙机拆装	能按正确的步骤,对ZD6系列电动转辙机拆装	70	1. 工具、材料准备齐全,缺一件工具扣2分,共10分。 2. 损坏器材、工具,扣10分。 3. 拆装步骤不正确,扣10分。 4. 未正确使用工具、仪表,每次扣2分,共10分。 5. 漏装零部件,每个扣1分,共10分。 6. 安装零部件松动。每处扣5分,共20分	

序号	主要内容	考核要求	配分	评分标准	得分
2	文明安全生产	劳保整齐，规范操作，出清收尾	30	1. 未正确佩戴劳保用品，扣 10 分。 2. 未规范操作，扣 10 分。 3. 工具物料未出清，扣 10 分	
合计(总分)			小组编号		

学习活动三　ZD6 系列电动转辙机测试

【准备材料及工具】

准备万用表(指针式万用表或数字式)、兆欧表、控制台、试验片或试验锤、信号锁钥匙、ZD6 转辙机专用钥匙等材料及工具，如图 4-21 所示。

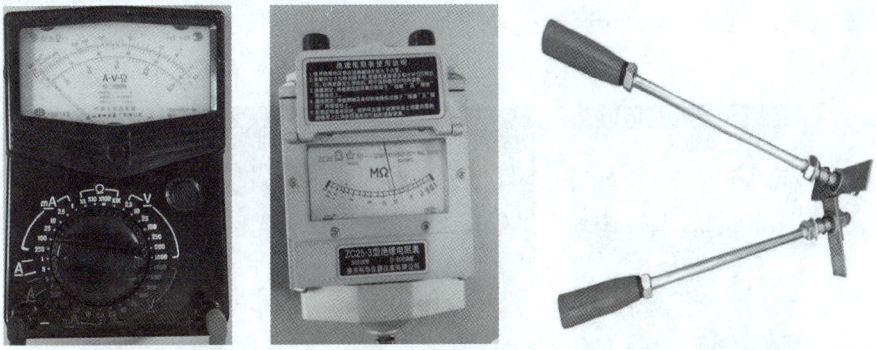

(a) 万能表　　(b) 兆欧表　　(c) 试验锤

图 4-21　材料及工具

【活动过程】

在道岔维护中，需要对转辙机进行测试，测试转辙机工作的各个参数，通过测试结果判断转辙机电路工作是否正常，转辙机参数是否达到正常工作范围，主要有动作电流测试、摩擦电流测试、动作电压测试、线圈电阻测试、2 mm/4 mm/6 mm 试验和安装装置绝缘检查。联系室内，逐项测试实训基地 ZD6 系列电动转辙机相应数据，并做好记录，填写在表 4-4 和表 4-5 中。

表 4-4　ZD6 系列电动转辙机测试记录卡

日期	动作电压(V)		工作电流(A)		故障电流(A)		2 mm 锁闭		4 mm 不锁闭		绝缘电阻(MΩ)	测试人
	定位	反位	定位	反位	定位	反位	定位	反位	定位	反位		

表 4-5　道岔表示测试记录表

日期	道岔名称	组合位置	道岔表示继电器(交)(V)		道岔表示继电器(直)(V)		测试人
			定位	反位	定位	反位	

1. 动作电流测试

转换道岔时所测得电流为动作电流。

技术标准：动作电流 ZD6-A 型、ZD6-D 型≤2 A；ZD6-E 型、ZD6-F 型、ZD6-J 型≤2.2 A。

测试方法：将万用表置直流 5 A 挡，断开 05、06 安全接点，红表笔接 05 端子、黑表笔接 06 端子，电流表串入电动机动作电路，扳动道岔，分别测试定位到反位、反位到定位的动作电流，如图 4-22 所示。

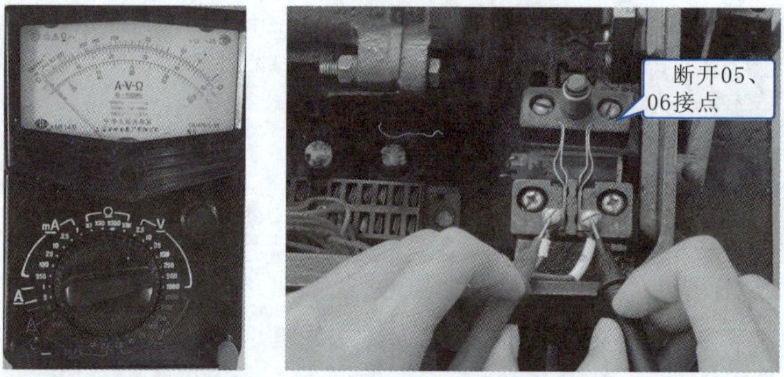

（a）直流5A　　（b）电流表串入电机电路

图 4-22　动作电流测试

2. 摩擦电流测试

转换道岔，在摩擦联结器空转时所测得的电流为摩擦电流，也称为故障电流。

技术标准：

(1)正、反向摩擦电流相差不大于 0.3 A。

(2)ZD6-A 型、ZD6-D 型、ZD6-F 型、ZD6-G 型、ZD6-H 型、ZD6-K 型电动转辙机单机使用时，摩擦电流为 2.3～2.9 A。

(3)ZD6-E 型、ZD6-J 型电动转辙机双机使用时，摩擦电流为 2.0～2.5 A。

测试方法：将万用表置直流 5 A 挡，断开 05、06 安全接点，两表笔分别接 05、06 端子。扳动道岔，在转换过程中将第一、二牵引点连接杆处尖轨与基本轨间夹入宽 20 mm、厚 4 mm (6 mm)的试验锤，分别测试定位到反位、反位到定位的摩擦电流。

摩擦电流和动作电流可在道岔转换一个周期内测试，开始正常转换测得为动作电流，然后夹入宽 20 mm、厚 4 mm(6 mm)的试验片，道岔不能密贴，转辙机无法锁闭，电动机空转，有明显磨卡声音，此时测得的就是摩擦电流。摩擦电流测试如图 4-23 所示。

3. 动作电压测试

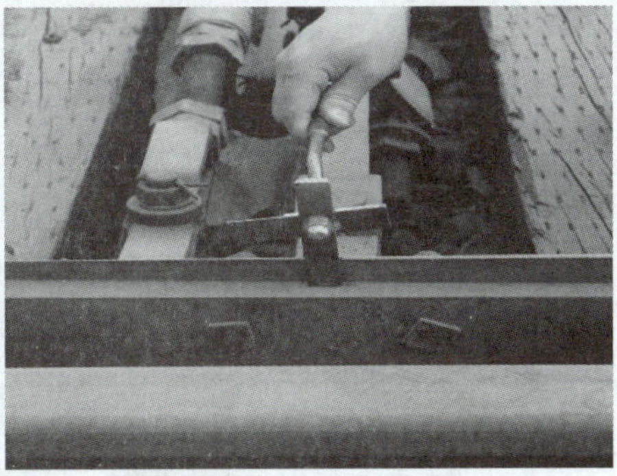

图 4-23　摩擦电流测试

转换道岔时所测得的电压就是转辙机的动作电压。

技术标准：动作电压应不小于 160 V。

测试方法：

(1)将万用表置直流 250 V 挡。

(2)测试定位动作电压时，红表笔接电动机1 号端子，黑表笔接电动机 4 号端子，扳动道岔，测得反位至定位的动作电压。

(3)测试反位动作电压时，红表笔接电动机2 号端子，黑表笔接电动机 4 号端子，扳动道岔，测得定位至反位的动作电压，如图 4-24 所示。

(a) 直流250 V挡　　(b) 定位动作电压　　(c) 反位动作电压

图 4-24　动作电压测试

4. 线圈电阻测试

线圈电阻分为定子线圈和转子线圈。

技术标准：单定子工作电阻为(2.85±0.14) Ω；转子工作电阻为(4.9±0.245) Ω。

测试方法：将万用表置电阻挡(R)×1 挡，将 05、06 安全接点断开，在电动机 1、3 或 2、3 端子上测出两个定子线圈的阻值，在电动机 3、4 端子上测出转子线圈的阻值。

需要注意的是，测试转子阻值时，应用手摇把慢摇电动机转动一周，万用表指针应无过大变化，否则，转子线圈有接触不良或断线的隐患，需要及时更换。线圈电阻测试如图 4-25 所示。

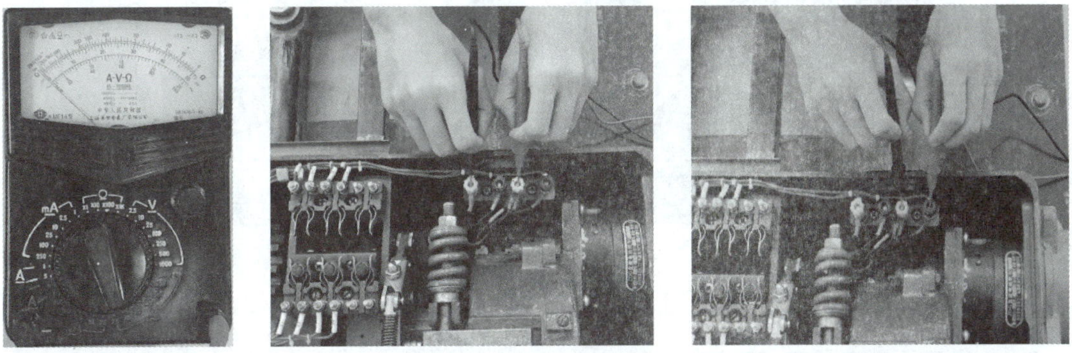

(a) R×1挡　　(b) 1、3端子测定子线圈阻值　　(c) 3、4端子测转子线圈阻值

图 4-25　线圈电阻测试

5. 2 mm 锁闭、4 mm/6 mm 不锁闭试验

2 mm 锁闭、4 mm/6 mm 不锁闭试验需定、反位分别测试，如图 4-26 所示。

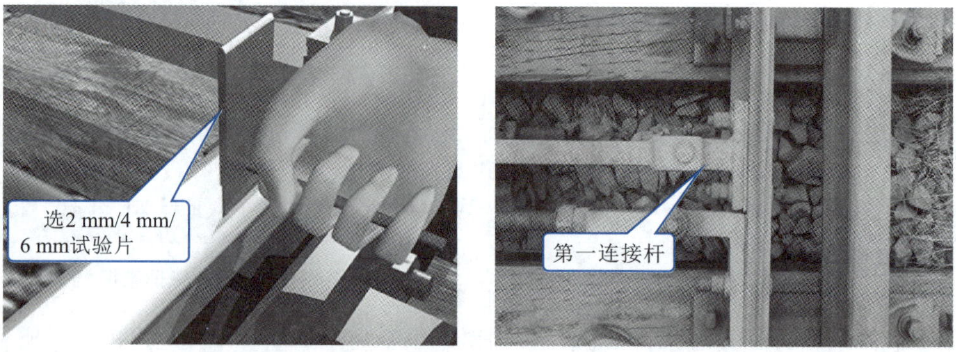

（a）试验片　　（b）第一连接杆

图 4-26　2 mm 锁闭、4 mm/6 mm 不锁闭试验

测试方法：扳动道岔，在道岔第一连接杆处，尖轨与基本轨间插入宽为 20 mm、厚为 2 mm 的试验片时，道岔应能锁闭；插入宽为 20 mm、厚为 4 mm 的试验锤时，道岔不能锁闭，有关信号不能开放，摩擦联结器空转，摩擦电流应在规定范围内。

在道岔第二牵引点连接杆处，尖轨与基本轨间插入宽为 20 mm、厚为 6 mm 的试验锤时，道岔同样不能锁闭。

需要注意的是，该项作业应在测试并调整摩擦电流之后进行，如检修时发现道岔不密贴，应及时查找原因，并进行处理。

6. 安装装置绝缘检查

测试方法：将万用表置交流 2.5 V 挡，一表笔接角钢，另一表笔分别对两轨面进行测试，如图 4-27 所示。若无电压或电压约相等，表示角钢绝缘良好，若某一轨面测出电压与轨面电压相等，则说明另一侧角钢绝缘破损或绝缘程度下降，需分解一根角钢绝缘，再测另一根角钢绝缘，若分解了所有角钢绝缘未发现破损，应考虑第一连接杆、第二连接杆、尖端杆的绝缘是否破损。

（a）2.5 V挡　　（b）绝缘测试

图 4-27　安装装置绝缘检查

7. 道岔表示继电器交、直流电压测试

测试方法：将万用表置交流 100 V 电压挡，两表笔分别接道岔表示继电器 DBJ 或 FBJ 线

圈 1、4 端子，测得表示继电器交流电压。

万用表置直流 100 V 电压挡，红表笔接线圈 1 端子、黑表笔接线圈 4 端子，测得表示继电器直流电压。

【活动评价】

在学习完 ZD6 系列电动转辙机的测试后，每组派两位代表进行实操测试，相邻组派一名组员根据活动评分表 4-6 监督评分，事后监督员说出扣分缘由。

表 4-6 活动评分表

序号	主要内容	考核要求	配分	评分标准	得分
1	ZD6 系列电动转辙机的测试	能正确使用工具、仪表对 ZD6 系列电动转辙机测试	70	1. 仪表准备齐全，缺一件扣 2 分，共 10 分。 2. 仪表使用不正确，扣 10 分。 3. 损坏器材、仪表，扣 10 分。 4. 侧错端子，每个端子扣 5 分，共 20 分。 5. 测试漏项，扣 10 分。 6. 测试数据记录要求填写字迹清晰，记录不清楚，扣 10 分	
2	文明安全生产	劳保整齐，规范操作，出清收尾	30	1. 未正确佩戴劳保用品，扣 10 分。 2. 未规范操作，扣 10 分。 3. 工具物料未出清，扣 10 分	
合计(总分)			小组编号		

学习活动四 ZD6 系列电动转辙机调整

【准备材料及工具】

手摇把、套筒、机盖钥匙、遮断开关钥匙、活口扳手、尖嘴钳、斜口钳、克丝钳、手锤、开口销、绑扎线等。

【活动过程】

1. 尖轨密贴的调整

尖轨在转辙机的带动下到规定位置并完成机械锁闭后，必须与基本轨密贴并满足《铁路技术管理规程(普速铁路部分)》的规定。密贴调整应按照“先伸出、后拉入”的顺序进行调整，密贴力满足牵引点处尖轨与基本轨间有 2 mm 及以下间隙时，道岔应能锁闭；牵引点处尖轨与基本轨间有 4 mm 及其以上间隙时道岔不能锁闭。

密贴调整是靠调整密贴调整杆上的两个轴套来完成的。通常，规定靠近拉杆连接销一侧的轴套叫作内轴套，靠近丝扣外端的轴套叫作外轴套。密贴调整位置如图 4-28 所示。

(1)当尖轨与基本轨不密贴时，可拧开螺母，退出挡环，旋动轴套，将轴套间隙缩小，当动作杆处于伸出位置时应调整内轴套，当动作杆在拉入位置时，则应调整外轴套，压力大时螺母往后松，压力小、不密贴时往前紧。

(2)当尖轨已经密贴而转辙机不能完成机械锁闭(锁闭圆弧不能进入削尖齿内)时，应将两轴套的间隙增大，当动作处于伸出位置时应调整内轴套，动作杆在拉入位置时调外轴套。

（a）

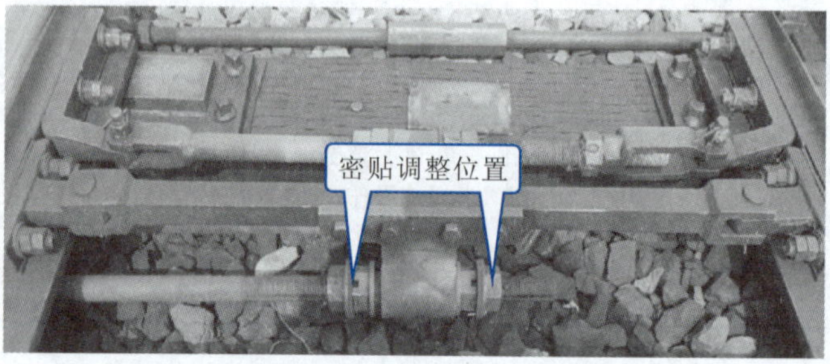

（b）

图 4-28　密贴调整位置图

道岔松紧程度的把握上，要求用手摇把摇动转辙机，当尖轨靠拢基本轨后，再继续摇动2.5～3 圈，使尖轨与基本轨间有一定压力，此时动接点打入静接点，获得的表示比较合适。

左侧调好后，手摇转辙机使道岔转换，再调右侧密贴，调整合适后，密贴调整杆轴套应有大于 5 mm 的空动距离，螺杆两侧丝扣长度基本相当。最后，将轴套两侧挡环对位，拧紧两侧螺母，在螺母外侧再用 1.6 mm 铁丝绑扎两道，以防螺栓松动。

转辙机动作杆动程与尖轨开程和密调杆空动距离三者有如下关系：

转辙机动作杆动程＝尖轨开程＋密贴杆空动距离＋(销孔旷量＋杆类压力变形量)

密贴调整后要用厚 4 mm、宽 20 mm 的试验板夹在尖轨与基本轨间(第一连接杆处)进行4 mm 不锁闭试验，使其满足《铁路技术管理规程(普速铁路部分)》的规定，最后要紧固螺母，并加防松措施。

注意：调整道岔密贴必须在转辙机机械未锁闭状态下，换言之就是检查柱落入表示杆缺口内时，不能进行旷动量和密贴调整。因为，当检查柱落入表示杆缺口内时，表示杆与检查柱间只有 3 mm 的相对位移间隙，表示杆动量超过 3 mm 时，一个方向会使检查柱 45°倾斜，检查柱上升，断开表示点(相当于挤岔时)，而另一方向会使检查柱另一侧的立面与表示杆缺口的立面相卡，表示杆给检查柱水平方向横向的力，造成检查杆弯曲，损坏自动开闭器。

2. 表示杆缺口调整

表示杆缺口的调整直接关系着道岔的表示与锁闭。道岔密贴调整后，就要调整表示杆使检查柱落入相应的缺口内，并满足《普速铁路信号维护规则　技术标准》两侧间为(1.5±0.5) mm的标准，与检查柱联动的动接点才接通第2排或第3排静接点组，构成反位或定位表示电路。两检查块缺口之间的距离过大或过小都将影响检查柱的准确落入，影响道岔的表示与解锁。

由于后表示杆装在前表示杆上，而前表示杆直接与尖轨相连，在调整表示杆缺口时必须先调整表示杆伸出位置的缺口，后调整拉入位置的缺口。缺口调整位置如图4-29所示。

伸出位置缺口时，调整表示连接杆架在尖端杆上的位置，间隙大于(1.5±0.5) mm时，松开螺母向靠近转辙机一侧调杆架；当间隙小于(1.5±0.5) mm时，松开螺母向外侧(不靠转辙机侧)调杆架，调整标准后紧固螺母，并加防松措施。

拉入位置缺口时，在伸出位置缺口调整标准后，道岔扳到拉入位置，松开前、后表示杆的紧固螺母，旋转后表示杆尾部的调整螺母，如图4-30所示。当间隙过大时顺时针方向旋转，间隙过小时逆时针旋转，调整标准后将前、后表示杆的紧固螺母拧紧。

图4-29　缺口调整

图4-30　表示杆尾部的调整螺母

【活动评价】

在学习完ZD6系列电动转辙机调整后，每组派两位代表进行实操调整，相邻组派一名组员根据活动评分表4-7监督评分，事后监督员说出扣分缘由。

表4-7　活动评分表

序号	主要内容	考核要求	配分	评分标准		得分
1	ZD6系列电动转辙机调整	能按正确的步骤，对ZD6系列电动转辙机调整	70	1. 工具、材料准备齐全，缺一件扣2分，共10分。 2. 工具使用不正确，扣10分。 3. 损坏器材、工具，扣10分。 4. 调整步骤不正确，错一次扣5分，共20分。 5. 不清楚调整技术标准扣10分。 6. 调整螺帽未紧固，未采取防松措施，每处扣5分，共10分		
2	文明安全生产	劳保整齐，规范操作，出清收尾	30	1. 未正确佩戴劳保用品，扣10分。 2. 未规范操作，扣10分。 3. 工具物料未出清，扣10分		
合计(总分)			小组编号			

学习活动五　ZD6 系列电动转辙机检修

【准备材料及工具】

工具：通信工具、克丝钳、尖嘴钳、长嘴钳、斜口钳、手摇把、设备钥匙、清扫工具、手锤、一字螺丝刀、十字螺丝刀、梅花扳手、呆口扳手、活口扳手、套筒组合工具、表示缺口检查尺、大镊子、方尺、1～10 mm 试验片、塞尺、盒尺、木楔、腻子铲、油壶、手锤等。

材料：钢丝刷、毛刷、竹片、棉纱、白市布、鹿皮、1.6 mm 小绑线、机油、钟表油、开口销等。

仪表：万用表、兆欧表等。

【活动过程】

为了保证转辙机的正常运行，需要定期对其进行检修。ZD6 系列电动转辙机检修包括日常巡检和集中检修。我们以集中检修为例来学习。ZD6 系列电动转辙机集中检修作业流程如下。

作业前准备 → 登记联系 → 集中检修 → 销记汇报 → 工作总结

检修流程中集中检修包括以下内容：

道岔外部清扫 → 道岔外部检查 → 转辙机内部检查 → 转辙机内部注油 → 道岔调整测试 → 电缆盒检查 → 设备复查

一、作业前准备

(1)召开班前布置会，作业负责人布置日常养护任务，明确作业地点、时间、任务及相关人员分工。

(2)作业负责人针对人员、环境等因素提出安全预想，确定安全关键点。安全员对安全关键点进行补充。

(3)准备工具、材料、仪器仪表。

(4)检查防护用品齐全，状态良好。室外防护员、驻站联络员试验通信工具。

二、登记联系

(1)驻站联络员在“行车设备检查登记簿”内按规定格式登记。

(2)室外防护员到达现场后，与驻站联络员通话试验，联系确认作业地点、转辙机名称及工作内容，进行作业防护，确保通信畅通，如图 2-28 所示。

三、集中检修

1. 道岔外部清扫

(1)扳动道岔核对道岔位置正确，如图 4-31 所示。

(2)滑床板清扫:清扫前将木楔放在尖轨与基本轨间(图 4-32),用清扫工具对滑床板清扫,用棉纱蘸机油擦拭。

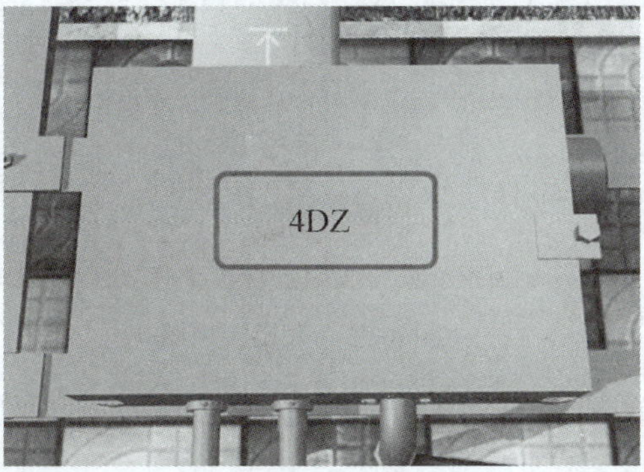

图 4-31　核对道岔位置正确

图 4-32　木楔放在尖轨与基本轨间

(3)安装装置螺栓、调整丝扣清扫注油:用钢丝刷清扫安装装置各部螺栓,用毛刷清扫干净,安装装置螺栓各注机油 2 滴,调整丝扣注机油适量。

(4)硬面化清扫:用清扫工具清扫硬面化。

(5)通路清理:用铁钩清理道岔通路,石砟面距离道岔拉杆距离 70～80 mm。

2. 道岔外部检查

(1)道岔密贴检查:检查尖轨与基本轨应达到静态宏观密贴,道岔锁闭后,允许尖轨尖端至第一牵引点处有≤0.5 mm 的间隙,其余部分有≤1 mm 的间隙。

(2)道岔密贴力检查:用小撬棍撬动密贴尖轨稍有位移,松开后尖轨能复位。

(3)肥边检查:用 1 mm 塞尺检查尖轨、基本轨有无肥边,如图 4-33 所示。

(4)顶铁检查:检查顶铁间隙≤1.0 mm,如图 4-34 所示。

图 4-33　肥边检查

图 4-34　顶铁检查

(5)道岔爬行、方正检查:用方尺检查尖轨爬行≤20 mm,用方尺检查道岔动作杆、表示杆垂直于直基本轨,道岔方正,如图 4-35 所示。

(6)吊板检查:若 1 mm 塞尺能插入尖轨底部,说明该处吊板不得有连续空吊。

(7)暗伤、铁质裂纹检查:用“眼看、手锤敲打”的方法检查道岔安装装置、各部件机械暗伤及裂纹。

(8)绝缘外观检查:用“眼看”的方法检查道岔安装装置等绝缘良好无破损。

(9)小绑线、开口销检查:检查小绑线齐全有效;开口销齐全,劈开角度 60°～90°,且两臂劈开角度基本一致,如图 4-36 所示。

图 4-35　道岔爬行、方正检查

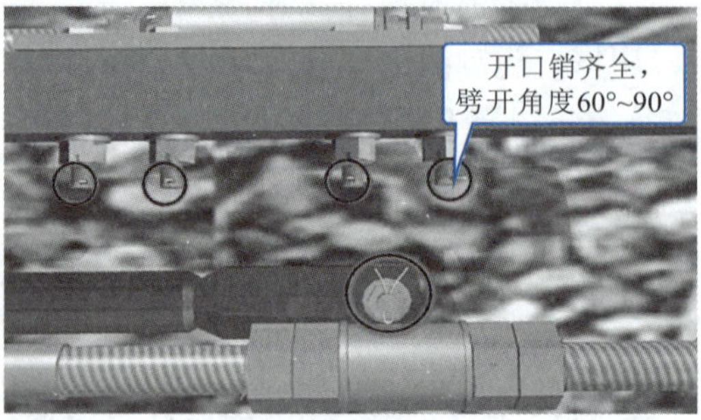

图 4-36　开口销检查

(10)销孔旷动量检查:用塞尺检查销孔旷量,表示杆销孔旷量≤0.5 mm,其他销孔旷量≤1 mm。

(11)表示缺口监视窗印记检查:检查表示缺口监视窗与表示杆印记相对应,错开≤0.5 mm,用棉纱擦拭干净,如图 4-37 所示。

(12)空动距离检查:密贴调整杆空动距离>5 mm,如图 4-38 所示。

图 4-37　表示缺口监视窗印记检查

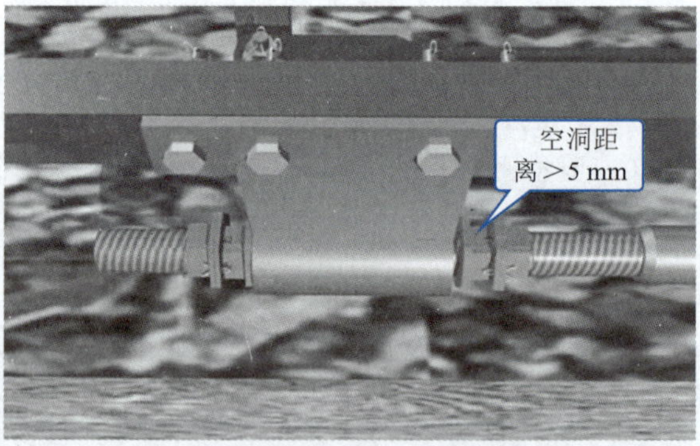

图 4-38　空动距离检查

(13)道岔开程检查:道岔开程符合的要求有:①单开道岔(147±5) mm;②定、反位开程偏差不大于 2 mm。

(14)绝缘测试:用测试仪表测试,满足①>20 Ω 良好;②10～20 Ω 重点盯控;③<10 Ω 联系工务立即进行分解更换。

3. 转辙机内部清扫、检查

(1)首先打开遮断开关,遮断开关需断开 2 mm 以上,如图 4-39 所示。

图 4-39　遮断开关需断开 2 mm 以上

(2)机内擦拭:用毛刷清扫、用大镊子夹棉纱进行擦拭,用吸尘器吸除污物。

(3)转辙机密封检查:检查转辙机盖高度适宜,更换不良盘根,手摇把孔封堵良好。

(4)端子紧固检查:有防松标记的螺栓,通过目测方法检查,对没有防松标记的螺栓进行紧固,如图 4-40 所示。

(5)检查线环无过大、松脱,配线绑扎、固定良好,无磨蹭箱(盒)体隐患。

(6)接点接触深度检查:自动开闭器动接点打入深度≥4 mm,通过检查动接点柱和静接点片上的标记线是否相对来确定,如图 4-41 所示。

图 4-40　螺栓防松标记

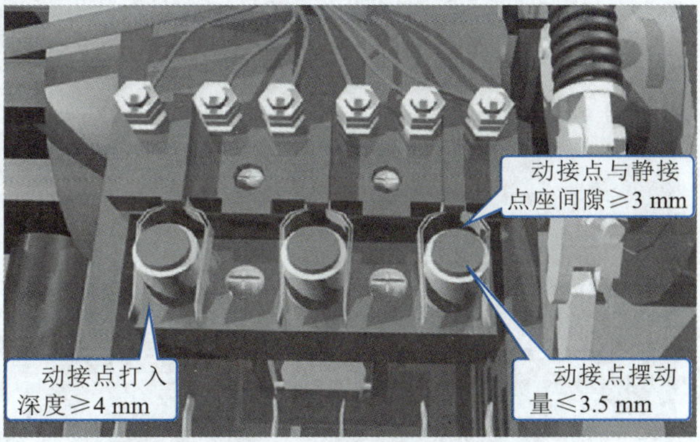

图 4-41　自动开闭器

(7)动接点与静接点座间隙检查:动接点与静接点座间隙≥3 mm,如图 4-41 所示。

(8)动接点座摆动量检查:手动检查动接点,在静接点片内摆动量≤3.5 mm,如图 4-41 所示。

(9)接点接触检查:手动检查动接点打入静接点片,两静接点片同时接触接点环、辅助片作用良好。同时检查接点座安装牢固无裂纹,动接点环、静接点片磨耗不超过 1/2,对超标的进行更换。

(10)接点接触检查:检查遮断器和自动开闭器接点,应面接触,不准点接触。

(11)底棱检查:静接点片底部与动接点柱底棱不得接触。

(12)动静接点擦拭:用白市布缠竹片进行首次擦拭,鹿皮缠竹片进行二次擦拭,用手转动接点环需转动灵活,防脱措施齐全有效。

(13)换向器检查擦拭:打开遮断器,手摇把摇动电动机,用白市布进行首次擦拭,鹿皮进行二次擦拭。

(14)检查碳刷磨耗:碳刷与换向器接触面积不少于碳刷面的 3/4(呈圆弧面),碳刷长度不少于全长的 3/5(9 mm),碳刷盖紧固无松动,关闭检查窗盖板。

(15)移位接触器顶杆与触头间隙检查:插入 1.5 mm 塞尺不应断开,插入 2.5 mm 塞尺应可靠断开。

(16)摩擦联结器弹簧相邻圈间隙检查:最小间隙≥1.5 mm,如图 4-42 所示。

图 4-42　摩擦联结器弹簧相邻圈间隙检查

4. 转辙机内部注油

转辙机内部注油如图 4-43 所示。

(1)减速器注油:松开减速器注油孔专用螺栓,注油孔注机油 5 滴。

(2)拐轴注油:转辙机左、右拐轴动作部位注钟表油 2 滴。

(3)速动爪滚轮注钟表油 2 滴,速动片注油孔注钟表油 3 滴。

(4)检查柱部位注钟表油 4 滴。

(5)转辙机齿条块、削尖齿毛毡注油:各注机油 4 滴。

(6)涂抹润滑脂:转辙机齿条块、削尖齿用小竹片均匀涂抹少量润滑脂。

(7)毡垫注油:松开转辙机动作杆、表示杆注油孔专用螺栓,动作杆、表示杆毡垫注机油 4 滴。

(a)　(b)　(c)

图 4-43　注油

5. 道岔调整测试

(1)调整摩擦电流。尖轨、基本轨间插入 10 mm 试验片使道岔摩擦,调整摩擦联结器弹簧螺栓,使摩擦电流达到 2.3～2.9 A,定、反位偏差不大于 0.3 A。调整过紧会失去摩擦联结作用,损坏电动机和机件,过松则不能正常带动道岔转换。

面对转辙机站在电动机侧,动作杆拉入位置侧摩擦电流超标时,对摩擦带邻钢轨侧弹簧螺母的松紧进行调整;动作杆伸出位置侧摩擦电流超标时,对摩擦带另一侧弹簧螺母的松紧进行调整。往里紧固螺母增大摩擦电流,往外松开螺母减少摩擦电流。

注意:弹簧有效圈的相邻圈最小间隙不小于 1.5 mm,弹簧不得与夹板圆弧部分触碰。

(2)调整道岔密贴。密贴调整应按照"先伸出、后拉入"的顺序进行调整,密贴力量满足牵引点处尖轨与基本轨间有 2 mm 及以下间隙时,道岔能锁闭;牵引点处尖轨与基本轨间有 4 mm 及其以上间隙时道岔不能锁闭,详细调整方法见学习活动四。

(3)调整道岔缺口。道岔缺口调整按照先伸出后拉入、先主口后副口的顺序进行调整,ZD6-D 型、ZD6-E 型、ZD6-F 型、ZD6-G 型缺口标准为(1.5±0.5) mm,详细调整方法见"学习活动四　ZD6 系列电动转辙机调整"。

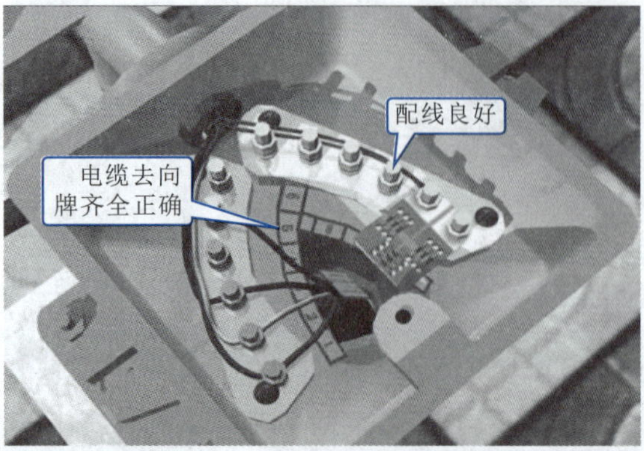

图 4-44　电缆盒检查

(4)核对内、外表示口。

6. 电缆盒检查

电缆盒检查如图 4-44 所示。

(1)电缆盒清扫:用毛刷清扫电缆盒,用吸尘器吸除污物。

(2)密封通风检查:检查电缆盒盘根、二次防尘、通风孔作用良好。

(3)配线检查:检查配线良好,有防磨措施,电缆盒内部端子防松标记齐全正确,无线伤,线环无过大、无反上,无压线皮。引线孔胶堵齐全,良好。有贯通标记。

(4)电缆检查:电缆无下沉,封胶良好,电缆去向牌齐全正确。

(5)图实核对:通过电缆芯线颜色、图表等信息进行配线图、接线图和实际核对(每年一次)。

(6)填写检修记录,电缆盒扣盖。

7. 设备复查

(1)设备加锁注油:设备加锁,压盖螺栓、专用锁具、自动开闭器和机壳连接处注油。

(2)道岔扳动往返,设备无异状。

(3)外表示缺口核对。

(4)检查设备无异状,转辙机箱盒加锁紧固良好。

(5)作业结束工具材料清点无遗漏。

四、销记汇报

检修作业完毕,人员及作业机具全部下道后,由作业负责人向驻站联系人汇报,驻站联系人员方可办理销记并交付使用。

五、工作总结

(1)作业人员汇报当日工作完成情况、设备缺点克服情况及遗留问题。

(2)作业负责人总结当日作业情况、劳动安全作业纪律执行情况。

(3)对设备遗留问题录入问题库。

(4)填写检修相关记录。

【活动评价】

在学习完 ZD6 系列电动转辙机的检修后,每组同学分工扮演不同角色进行实操检修,相邻组派一名组员根据活动评分表 4-8 监督评分,事后监督员说出扣分缘由。

表 4-8　活动评分表

序号	主要内容	考核要求	配分	评分标准	得分
1	ZD6 系列电动转辙机的检修	能用正确工具、材料、仪表对 ZD6 系列电动转辙机检修	70	1. 工具、材料、仪表准备齐全,缺一件扣 2 分,共 10 分。 2. 工具、材料、仪表使用不正确,每次扣 2 分,共 10 分。 3. 损坏器材、工具、仪表,扣 10 分。 4. 未按照检修流程,扣 10 分。 5. 检修时测试数据不正确,每项扣 5 分,共 20 分。 6. 测试数据记录要求填写字迹清晰,记录不清楚,扣 10 分	
2	文明安全生产	劳保整齐,规范操作,出清收尾	30	1. 未正确佩戴劳保用品,扣 10 分。 2. 未规范操作,扣 10 分。 3. 工具物料未出清,扣 10 分	
合计(总分)			小组编号		

【任务评价】

<table>
<tr><td>项目名称</td><td colspan="2"></td><td>任务名称</td><td></td></tr>
<tr><td>小组成员</td><td colspan="2"></td><td>综合评分</td><td></td></tr>
<tr><td rowspan="11">学生自评</td><td colspan="4">理论任务完成情况</td></tr>
<tr><td>序号</td><td>知识考核点</td><td>自评意见</td><td>自评结果</td></tr>
<tr><td>1</td><td></td><td></td><td></td></tr>
<tr><td>2</td><td></td><td></td><td></td></tr>
<tr><td>3</td><td></td><td></td><td></td></tr>
<tr><td colspan="4">训练任务完成情况</td></tr>
<tr><td>项目</td><td>内容</td><td>评价标准</td><td>自评结果</td></tr>
<tr><td>训练准备</td><td></td><td></td><td></td></tr>
<tr><td>训练方法</td><td></td><td></td><td></td></tr>
<tr><td>质量考核</td><td></td><td></td><td></td></tr>
<tr><td>安全考核</td><td></td><td></td><td></td></tr>
<tr><td>学习小组评价</td><td colspan="4">团队合作□ 动手操作能力□ 信息获取能力□ 交流沟通能力□
（根据完成任务情况填写：A 优秀；B 良好；C 合格；D 有待改进）</td></tr>
<tr><td>教师评价</td><td colspan="4"></td></tr>
</table>

【练习与思考】

1. 简述 ZD6 系列电动转辙机的动作过程。

2. 想一想，测得摩擦电流过大，如何调整？

3. 如何调整道岔密贴？如何调整表示杆缺口？

任务二　外锁闭装置认知

【任务导入】

当道岔由转辙机带动转换至某个特定位置后，通过本身的锁闭装置，直接把尖轨与基本轨或心轨与翼轨密贴夹紧并固定，称之为道岔的外锁闭，即道岔的锁闭是依靠转辙机外部的锁闭装置实现的。外锁闭装置能减少列车通过时对道岔转换设备的振动和冲击，提高转换设备的使用寿命，广泛应用于我国提速道岔。外锁闭装置由哪些部件组成？各个部件的作用是什么？它是如何带动道岔转换的？下面带着问题开始学习。

【任务目标】

1. 掌握钩式外锁闭装置的结构及各部分功能。
2. 掌握钩式外锁闭装置的动作原理。
3. 掌握钩式外锁闭装置和杆件的拆分方法。
4. 能熟练拆除钩式外锁闭装置和杆件。
5. 能够正确选用拆分工具。

【准备材料及工具】

准备材料及工具如图 4-45 所示。

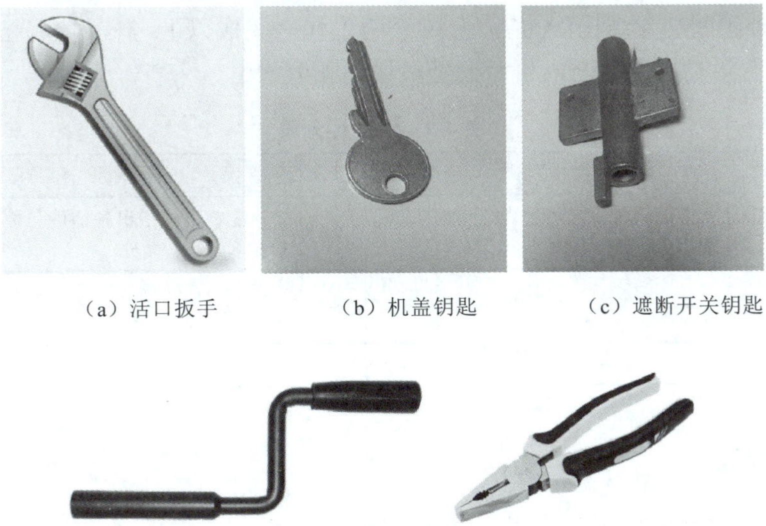

（a）活口扳手　（b）机盖钥匙　（c）遮断开关钥匙

（d）手摇把　（e）克丝钳

图 4-45　材料及工具

【任务实施】

学习【任务关联知识】相关内容后，按要求完成以下学习活动。

学习活动一　外锁闭装置结构认知

查阅资料，对图 4-46 中所示尖轨用钩式外锁闭装置部件进行标注。

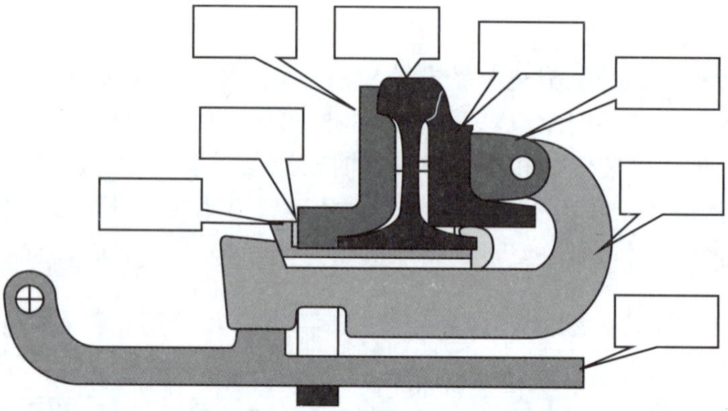

图 4-46　尖轨用钩式外锁闭装置

外锁闭装置动作过程：

(1)解锁过程：________________

(2)转换过程：________________

(3)锁闭过程：________________

【活动评价】

在学习完外锁闭装置结构认知后，每组派两位代表完成以上考核内容，相邻组派一名组员根据活动评分表 4-9 监督评分，事后监督员说出扣分缘由。

表 4-9　活动评分表

序号	主要内容	考核要求	配分	评分标准	得分
1	外锁闭装置主要部件	能够识别外锁闭装置结构组成，正确指出各部件名称	64	未能够正确指出各部件名称，每项扣 8 分，共 64 分	
2	外锁闭装置动作过程	能够熟练说出外锁闭装置动作过程	36	未能够正确说出外锁闭装置动作过程，每项扣 12 分，共 36 分	
合计(总分)			小组编号		

【任务关联知识】

外锁闭道岔转换设备消除了内锁闭方式的缺陷，适应列车提速的要求，在我国广泛使用。外锁闭装置先后出现了燕尾式和钩式两种类型。燕尾式外锁闭装置不适合我国铁路道岔实际情况，故障率高，已被淘汰。钩式外锁闭装置分为分动尖轨用和可动心轨用两种类型。

一、分动尖轨用钩式外锁闭装置

1. 分动尖轨用钩式外锁闭装置结构

分动尖轨用钩式外锁闭装置由锁闭杆、锁钩、锁闭铁、调整片、锁闭框、尖轨、尖轨连接铁、销轴、固定螺栓、导向销等组成，如图 4-47 所示。

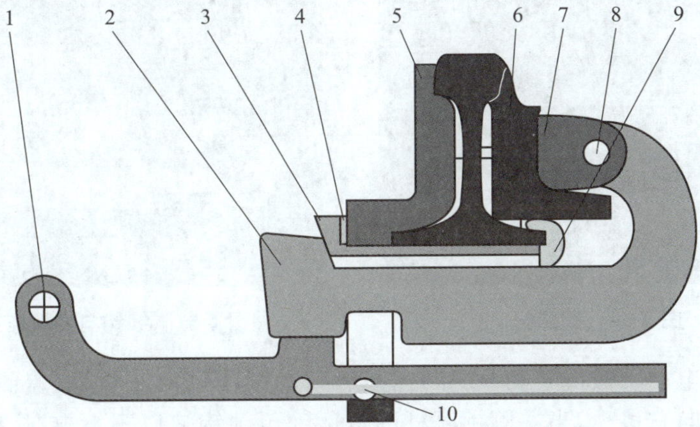

1—锁闭杆；2—锁钩；3—锁闭铁；4—调整片；5—锁闭框；6—尖轨；7—尖轨连接铁；
8—销轴；9—固定螺栓；10—导向销。

图 4-47　尖轨用钩式外锁闭装置

锁闭框用螺栓与基本轨连接，固定在基本轨的外侧，如图 4-48 所示。

锁闭铁插入锁闭框孔内，固定在锁闭框上，通过与锁钩作用锁闭尖轨和基本轨，如图 4-49 所示。

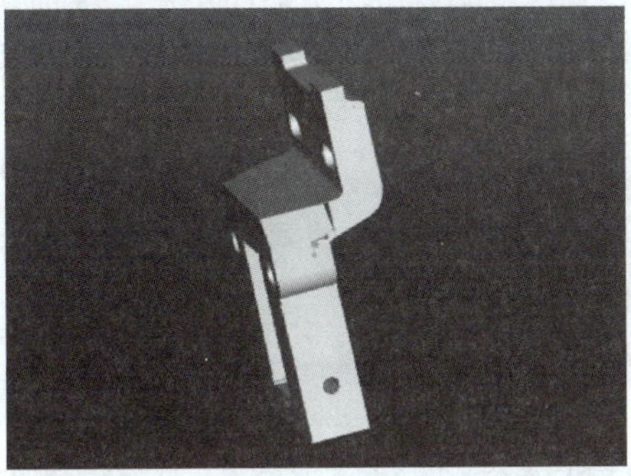

图 4-48　锁闭框

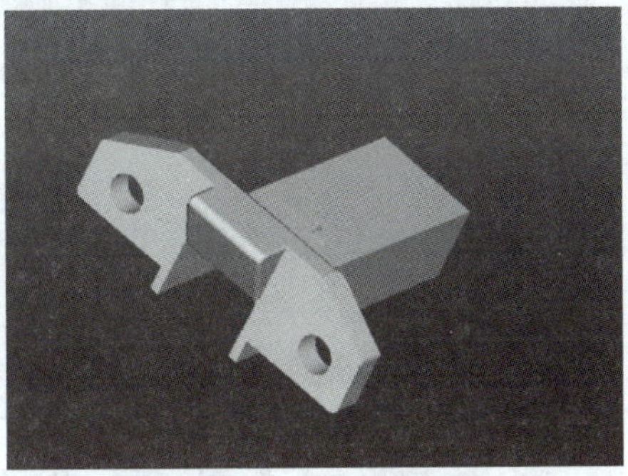

图 4-49　锁闭铁

锁闭杆通过安装装置与转辙机动作杆相连，利用其凸台和锁钩缺口带动尖轨动作，导向销在锁闭杆两侧槽内，起导向作用，如图 4-50 所示。

锁钩头部通过销轴和尖轨连接铁与尖轨连接，下部缺口与锁闭杆凸台作用，通过尖轨连接铁带动尖轨运动，尾部内斜面与锁闭铁作用，锁闭密贴尖轨和基本轨，锁钩与锁闭杆上下排列并被限制，共同穿入锁闭框内，锁钩与尖轨连接铁如图 4-51 所示。

第一牵引点锁闭杆、锁钩与第二牵引点锁闭杆、锁钩因尺寸不同，不能通用。

2. 分动尖轨用钩式外锁闭装置工作原理

当操纵道岔时，转辙机的动作杆带动外锁闭装置的锁闭杆动作，实现道岔的解锁、转换和锁闭的过程。

(1)道岔解锁过程

分动尖轨用钩式外锁闭装置的初始状态——锁闭位置，如图 4-52(a)所示：左侧密贴尖轨处于锁闭状态，右侧斥离尖轨与基本轨保持标准开口。

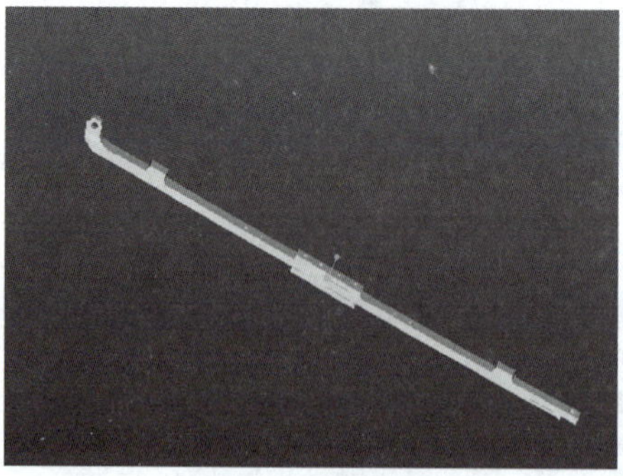

图 4-50　锁闭杆

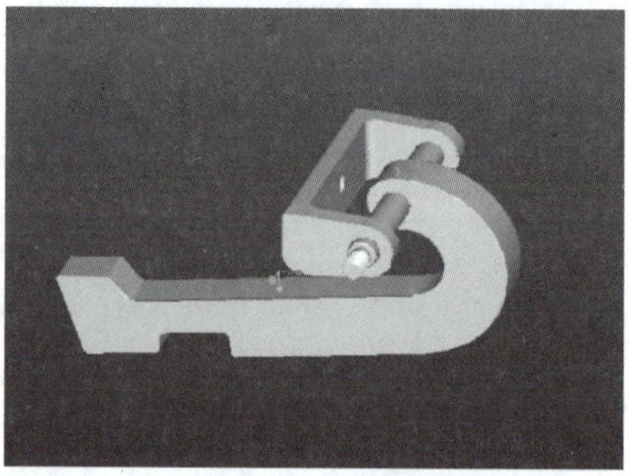

图 4-51　锁钩与尖轨连接铁

道岔转换时，电动转辙机转动，动作杆移动，带动锁闭杆向右移动，左侧密贴尖轨静止不动，右侧斥离尖轨向右移动，当左侧锁闭杆凸台运动至锁钩缺口正下方时，锁钩旋转下落，密贴尖轨解锁，如图 4-52(b)所示。

(2)道岔转换过程

解锁后，锁闭杆的两个凸台都已落入对应的锁钩的缺口当中，锁闭杆继续向右移动，带动两个锁钩同时向右移动，两个锁钩带动对应的尖轨同时转换，如图 4-52(c)所示。

(3)道岔锁闭过程

当右侧尖轨与基本轨密贴停止移动，锁闭杆继续向右移动，锁钩底面缺口处斜面与锁闭杆凸台处斜面挤压，使锁钩围绕销轴向上旋转，锁闭杆继续移动，直至凸台完全从锁钩缺口中出来，右侧尖轨开始锁闭，锁闭杆凸台在锁钩下面移动到标准的锁闭位置。左侧尖轨向右移动至标准开口位置，如图 4-52(d)所示。

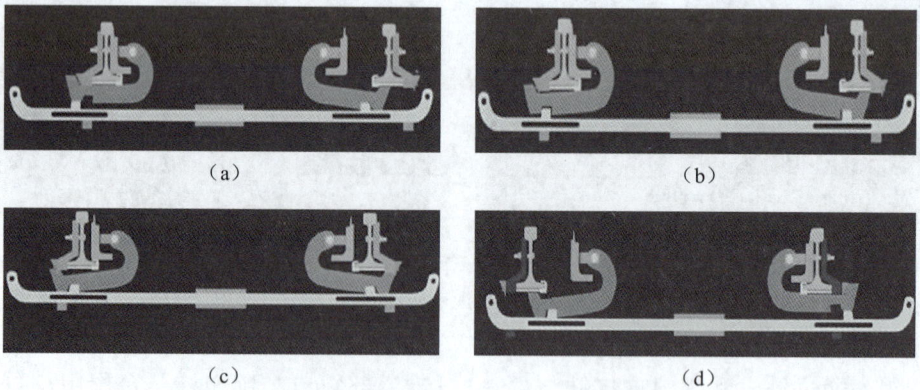

图 4-52　钩式外锁闭装置动作过程

二、可动心轨用钩式外锁闭装置

可动心轨用钩式外锁闭装置也由锁闭杆、锁钩、锁闭框、锁闭铁组成，如图 4-53 所示，但锁闭杆的尺寸、锁钩的外形与尖轨所用完全不同。外锁闭装置的锁闭框，安装在翼轨补强板上，直接与翼轨相连，心轨的凸缘插在锁钩的楔形槽内，心轨在槽内可前后伸缩，通过锁闭杆的横向运动，牵引心轨转换并锁闭。心轨与翼轨的密贴可通过增减锁闭铁和锁闭框间的调整片来调整，调整方便、可靠。

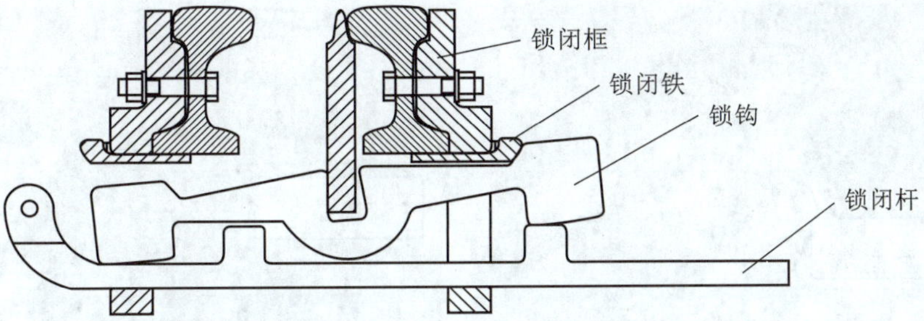

图 4-53　可动心轨用钩式外锁闭装置

可动心轨用钩式外锁闭装置的动作过程也分为解锁、转换、锁闭 3 个阶段，可动心轨原密贴于右侧翼轨。锁闭杆向左移动，锁钩转动解锁；锁闭杆向左继续移动，锁闭杆带动锁钩，进而带动心轨转换至左侧翼轨；尖轨与翼轨密贴后，锁闭杆继续移动，直到锁钩转动锁闭。

学习活动二　外锁闭装置拆分

每组同学按要求准备工具、材料，熟悉各种工具的名称、性能和使用方法，并整齐摆放在各组对应的外锁闭装置旁边。通过拆除道岔外锁闭装置和杆件，熟悉外锁闭装置构造，理解外锁闭装置动作原理。

【活动过程】

道岔外锁闭装置和杆件拆除步骤如下：

(1)解锁道岔，使道岔处于四开位置。

①用机盖钥匙，打开转辙机机盖。

②用遮断开关钥匙，打开遮断开关。

③将手摇把插入，用手摇把摇至道岔四开。

(2)断开动作杆与外锁闭杆接头连接。

①用克丝钳，取下动作杆联结螺栓防松帽开口销，取下螺栓防松帽。

②用活口扳手，拆除动作杆联结螺栓，如图 4-54 所示。

(3)断开检测杆与外表示杆接头连接。

①用克丝钳取下检测杆联结螺栓开口销。

②用活口扳手拆除检测杆联结螺栓，如图 4-55 所示。

(4)拆除短表示杆处方头铁螺栓。

①用克丝钳取下短表示杆方头铁螺栓防松帽开口销，取下螺栓防松帽。

②用活口扳手拆除短表示杆处方头铁螺栓，将方头铁和短表示杆一起拆除，如图 4-56 所示。

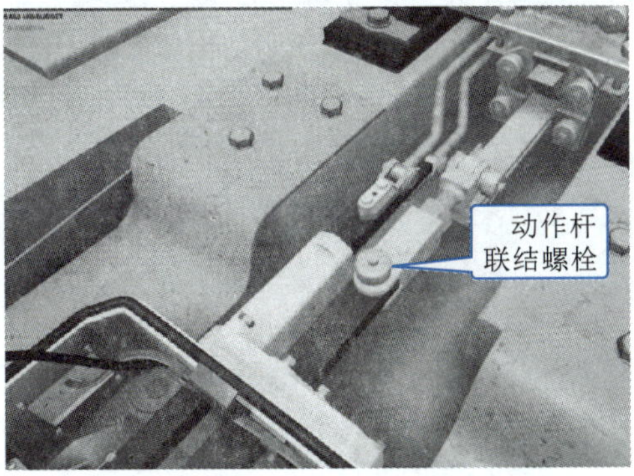

图 4-54　动作杆与外锁闭杆联结螺栓

(5)拆除长表示杆处方头铁螺拴。

①用克丝钳取下长表示杆处方头铁螺拴防松帽开口销，取下螺栓防松帽。

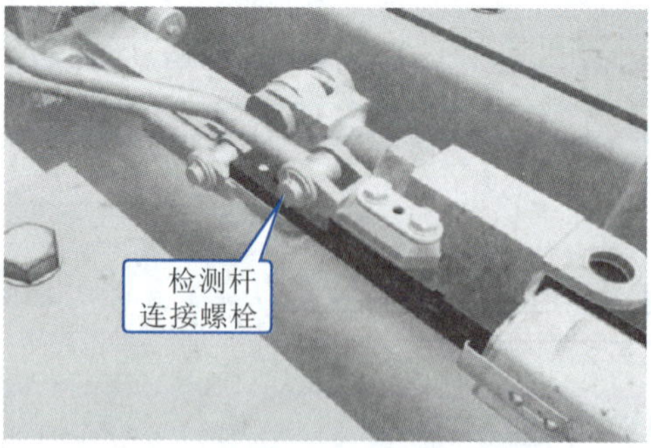

图 4-55 检测杆与外表示杆联结螺栓

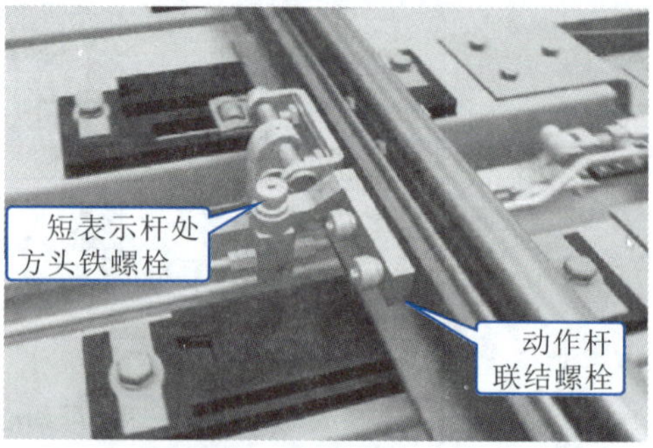

图 4-56 短表示杆处方头铁螺栓

②用活口扳手拆除长表示杆处方头铁螺拴，将方头铁和长表示杆一起拆除，如图 4-57 所示。

(6)拆除外表示杆联结铁。

①用克丝钳取下外表示杆联结铁螺栓防松帽开口销，取下螺栓防松帽。

②用活口扳手拆除外表示杆联结铁螺栓，拆除外表示杆联结铁，如图 4-58 所示。

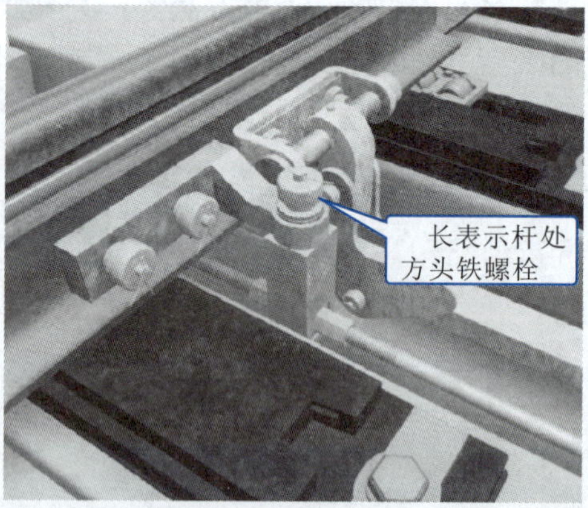

图 4-57 长表示杆处方头铁螺栓

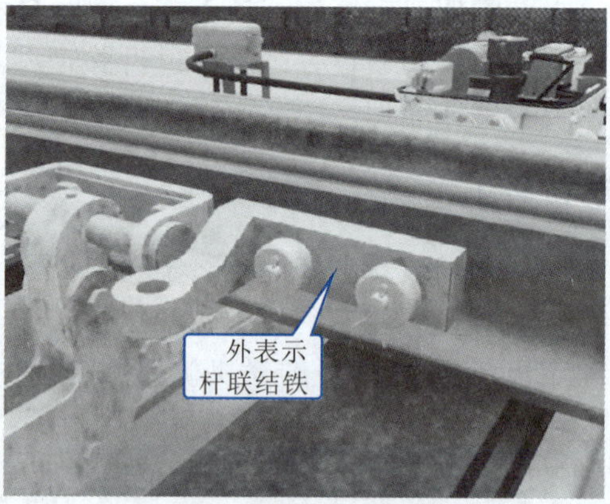

图 4-58 外表示杆联结铁

(7)断开外锁闭杆与杆接头的联结。

①用克丝钳取下外锁闭杆与杆接头螺栓防松帽开口销，取下螺栓防松帽。

②用活口扳手拆除外锁闭杆与杆接头螺栓，拆除杆接头，如图 4-59 所示。

(8)拆除外锁闭杆中间的联结螺栓组。

①用克丝钳取下外锁闭杆中间的联结螺栓组保护帽开口销，取下螺栓防松帽。

②用活口扳手拆除外锁闭杆中间的联结螺栓，拆除外锁闭杆中间的联结螺栓组，如图 4-60 所示。

(9)拆除锁钩销轴、锁钩夹板、锁闭铁、限位块、限位铁，如图 4-61 所示。

①用克丝钳取下锁钩销轴螺母防松帽开口销，取下螺栓防松帽，用活口扳手，拆除销轴。

②用克丝钳取下锁钩夹板螺母防松帽开口销，取下螺栓防松帽，用活口扳手，拆除锁钩夹板。

③用克丝钳取下锁闭铁螺母防松帽开口销，取下螺栓防松帽，用活口扳手，拆除锁闭铁。

④用克丝钳取下限位铁螺母防松帽开口销，取下螺栓防松帽，用活口扳手，拆除限位块。

⑤用活口扳手拆除限位铁。

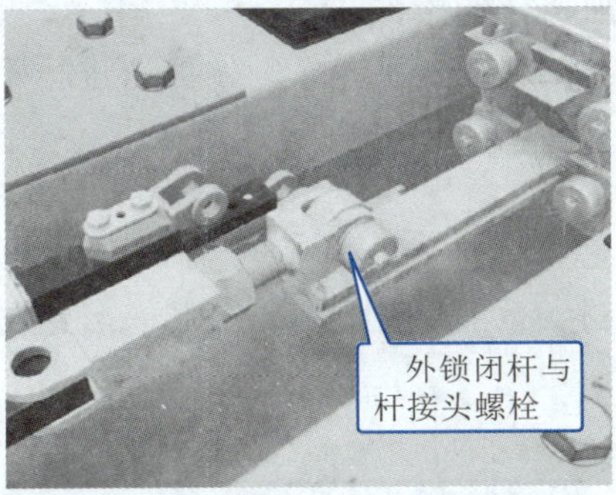

图 4-59　外锁闭杆与杆接头

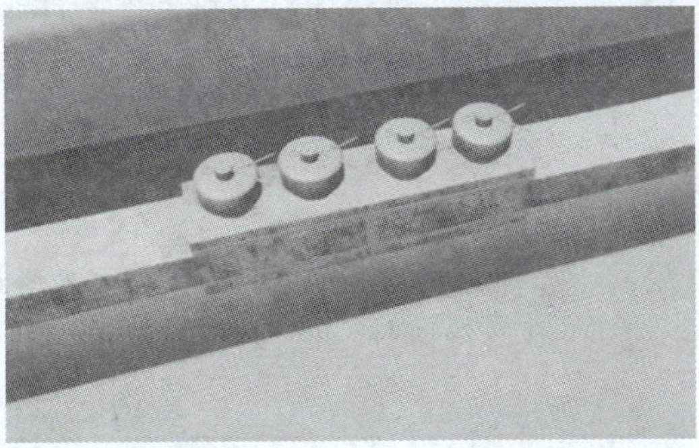

图 4-60　外锁闭杆中间联结螺栓组

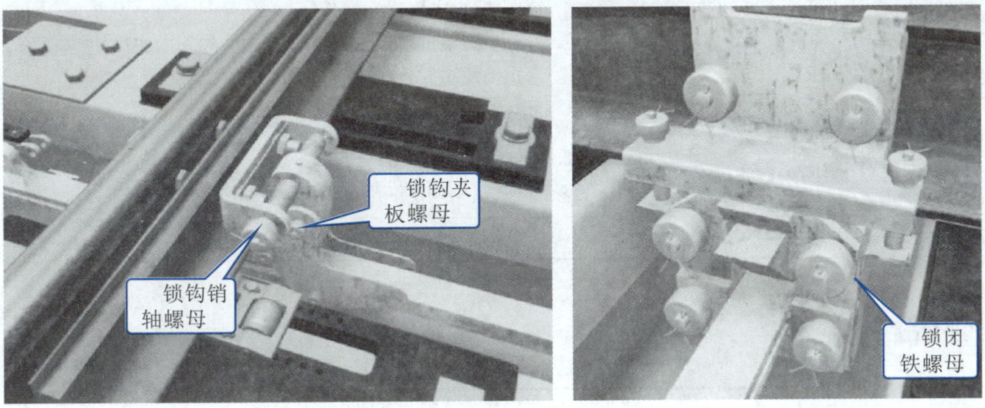

（a）　　（b）

图 4-61　锁钩销轴、锁钩夹板、锁闭铁

（10）拆除锁钩与锁闭杆。

（11）拆除锁闭框与外锁闭杆连接铁，如图 4-62 所示。

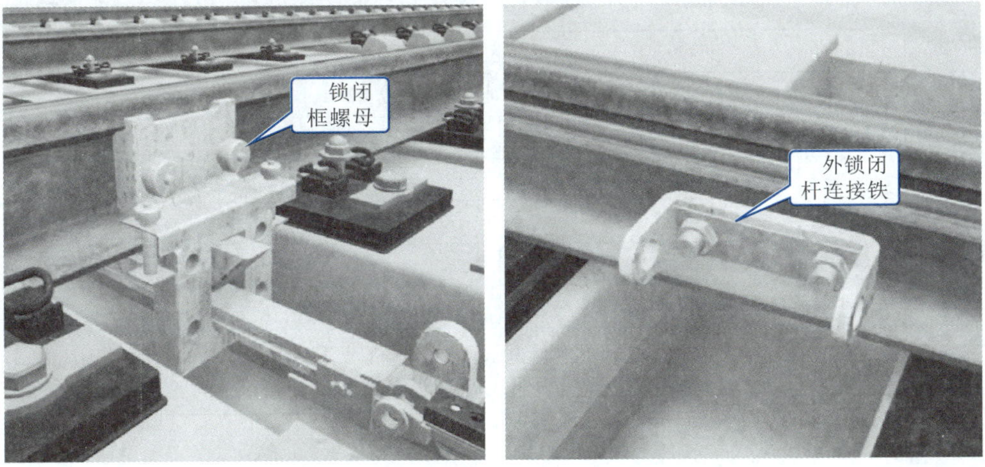

图 4-62　锁闭框与外锁闭杆连接铁

①用克丝钳取下锁闭框螺母防松帽开口销，取下锁闭框螺母防松帽。

②用活口扳手取下锁闭框螺栓，拆除锁闭框。

③用活口扳手取下外锁闭杆连接铁螺栓，拆除外锁闭杆连接铁。

注意：外锁闭装置在道岔两侧很多部件为对称结构，需要全部拆除后才可以进行下一步操作。

【活动评价】

在学习完外锁闭装置的拆分后，每组派两位代表进行实操拆分，相邻组派一名组员根据活动评分表4-10监督评分，事后监督员说出扣分缘由。

表 4-10　活动评分表

序号	主要内容	考核要求	配分	评分标准	得分
1	外锁闭装置的拆分	能按正确的步骤，对外锁闭装置拆分	70	1. 工具、材料准备齐全，缺一件工具扣2分，共10分。 2. 损坏器材、工具，扣10分。 3. 拆分步骤不正确，错一次扣5分，共30分。 4. 未正确使用工具，每次扣5分，共20分	
2	文明安全生产	劳保整齐，规范操作，出清收尾	30	1. 未正确佩戴劳保用品，扣10分。 2. 未规范操作，扣10分。 3. 工具物料未出清，扣10分	
合计（总分）			小组编号		

【任务评价】

<table>
<tr><td>项目名称</td><td colspan="2"></td><td>任务名称</td><td></td></tr>
<tr><td>小组成员</td><td colspan="2"></td><td>综合评分</td><td></td></tr>
<tr><td rowspan="12">学生自评</td><td colspan="4">理论任务完成情况</td></tr>
<tr><td>序号</td><td>知识考核点</td><td>自评意见</td><td>自评结果</td></tr>
<tr><td>1</td><td></td><td></td><td></td></tr>
<tr><td>2</td><td></td><td></td><td></td></tr>
<tr><td>3</td><td></td><td></td><td></td></tr>
<tr><td colspan="4">训练任务完成情况</td></tr>
<tr><td>项目</td><td>内容</td><td>评价标准</td><td>自评结果</td></tr>
<tr><td>训练准备</td><td></td><td></td><td></td></tr>
<tr><td>训练方法</td><td></td><td></td><td></td></tr>
<tr><td>质量考核</td><td></td><td></td><td></td></tr>
<tr><td>安全考核</td><td></td><td></td><td></td></tr>
<tr><td colspan="4"></td></tr>
<tr><td>学习小组评价</td><td colspan="4">团队合作□　动手操作能力□　信息获取能力□　交流沟通能力□
（根据完成任务情况填写：A优秀；B良好；C合格；D有待改进）</td></tr>
<tr><td>教师评价</td><td colspan="4"></td></tr>
</table>

【练习与思考】

1. 简述道岔外锁闭装置和杆件拆除步骤。

2. 请思考，为什么拆除动作之前要先解锁道岔？

任务三　ZYJ7 型电液转辙机维护

【任务导入】

电动液压转辙机是采用交流或直流电动机驱动，并采用液压传动方式来转换道岔的一种转辙装置，简称电液转辙机。目前，在提速区段、高速铁路上大量采用 ZYJ7 型电液转辙机。ZYJ7 型电液转辙机由哪些部件组成？各个部件的作用是什么？它是如何带动道岔转换的？如何维护呢？下面带着问题开始学习。

【任务目标】

1. 掌握 ZYJ7 型电液转辙机的结构、传动过程。
2. 掌握 ZYJ7 型电液转辙机的测试方法。
3. 掌握 ZYJ7 型电液转辙机的开程、密贴和缺口调整方法。
4. 掌握 ZYJ7 型电液转辙机的检修作业程序及技术标准。
5. 能够按照《铁路技术管理规程(普速铁路部分)》《普速铁路信号维护规则　技术标准》要求进行转辙机的测试、调整、检修作业。
6. 能够正确选用检修、测试工具、材料、仪表。

【任务实施】

学习活动一　ZYJ7 型电液转辙机结构认知

【准备材料及工具】

需准备手摇把、信号锁钥匙等材料及工具，如图 4-63 所示。

学习【任务关联知识】相关内容后，按要求完成以下学习活动。

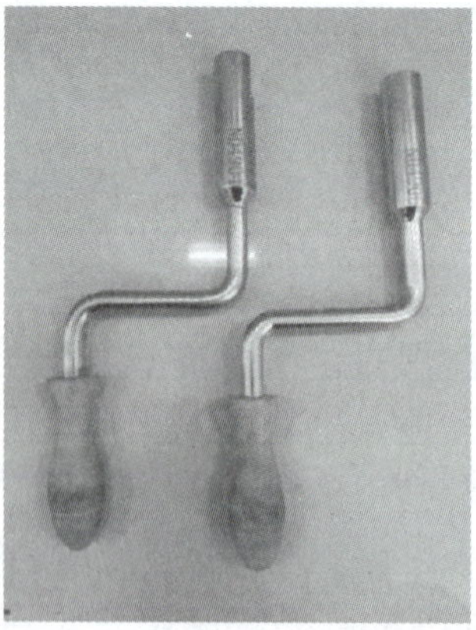
（a）手摇把

（b）信号锁钥匙

图 4-63　材料及工具

【活动过程】

用信号锁钥匙打开转辙机，观察转辙机内部结构，断开遮断开关，插入手摇把摇动转辙机，观察转辙机的动作过程，理解转辙机的动作原理，对图 4-64 和图 4-65 中所示部件进行标注。

图 4-64　ZYJ7 型电液转辙机

图 4-65　SH6 型转换锁闭器

ZYJ7 型电液转辙机的动作顺序为：电动机旋转→________________________________

____

【活动评价】

在学习完 ZYJ7 型电液转辙机结构认知后，每组派两位代表完成以上考核内容，相邻组派一名组员根据活动评分表 4-11 监督评分，事后监督员说出扣分缘由。

表 4-11　活动评分表

序号	主要内容	考核要求	配分	评分标准	得分
1	ZYJ7 型电液转辙机主要部件	能够识别 ZYJ7 型电液转辙机结构组成，正确指出各部件名称	90	未能够正确指出各部件名称，每项扣 5 分，共 90 分	
2	ZYJ7 型电液转辙机的动作顺序	能够熟练说出 ZYJ7 型电液转辙机的动作顺序	10	未能够正确说出 ZYJ7 型电液转辙机的动作顺序，扣 10 分	
合计(总分)				小组编号	

【任务关联知识】

ZYJ7 型电液转辙机是交流转辙机，由 ZYJ7 型电动液压转辙机和 SH6 型转换锁闭器组成。ZYJ7 型电动液压转辙机又称主机，用于道岔尖轨或可动心轨的第一牵引点，SH6 型转换锁闭器又称副机，用于其他牵引点(30 号以上道岔除外)，主机与副机共用一套动力系统，两者间用油管相连，如图 4-66 所示。

图 4-66　ZYJ7 型电液转辙机和 SH6 型转换锁闭器

一、ZYJ7 型电液转辙机结构

ZYJ7 型电液转辙机主机主要由电动机、惯性轮、联轴器、油泵、溢流阀、单向阀、油缸、启动油缸、接点组、动作杆、锁闭杆、推板、遮断开关等部分组成。ZYJ7 型电液转辙机如图 4-67 所示。

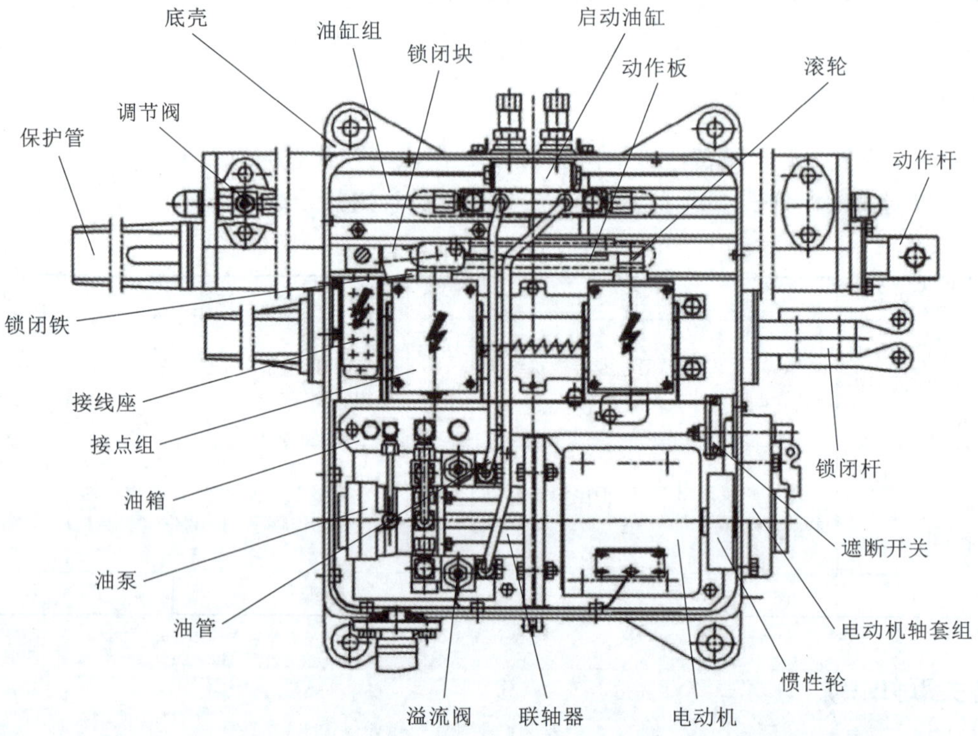

（a）内部结构图

（b）实物图

图 4-67　ZYJ7 型电液转辙机

SH6 型转换锁闭器没有电动机、油泵等动力机构，主要由油缸、挤脱器、表示杆、动作杆等组成。SH6 型转换锁闭器如图 4-68 所示。

1. 电动机

电动机采用三相交流电动机，如图 4-69 所示，额定电压为 380 V，额定电流为 2.2 A，采用星形连接方式，电动机将电能转变为机械能，为整机提供动力。

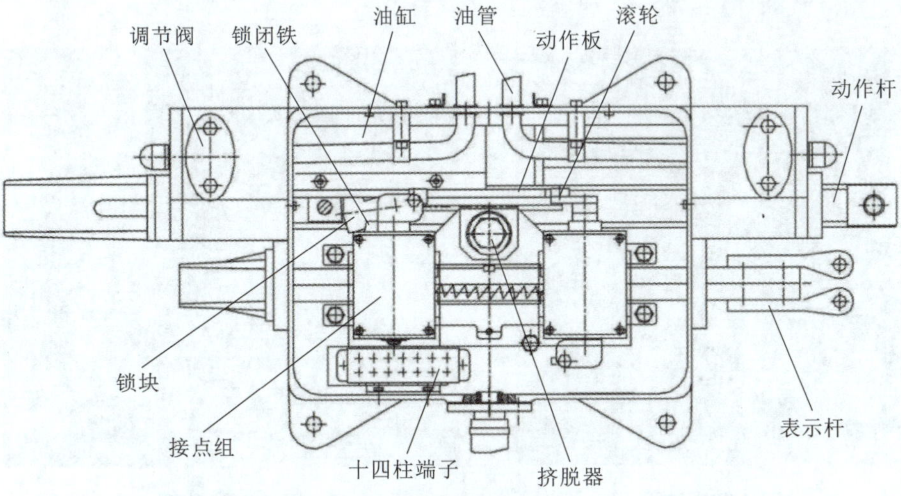

（a）内部结构图

（b）实物图

图 4-68　SH6 型转换锁闭器

2. 惯性轮

惯性轮与电动机轴间设有摩擦片，能防止电动机停止时瞬间反转，用其惯性吸收电动机反转力，防止接点组的接点反弹。

3. 联轴器

联轴器连接电动机输出轴与油泵输入轴，当电动机转动时，通过它传动，带动油泵工作。

图 4-69　电动机与惯性轮

4. 油泵

油泵的作用是将电动机的旋转转化为液压能，泵出液压油，如图 4-70 所示。

5. 油箱

油箱为 L 形，如图 4-71 所示，油箱上面有注油孔，需要专用油枪从注油孔注入专用航空液压油。油箱设有油标尺，要经常观察油量，保持上限。

图 4-70　油泵

图 4-71　油箱

6. 溢流阀

溢流阀的作用相当于 ZD6 系列电动转辙机的摩擦联结器，正常转换道岔时，液压油进入油缸；在道岔受阻或转换到位而电动机还没断开电源时，油压逐渐升高，当油压大于溢流阀设定压力时，阀门开启，液压油流回油箱，并经过单向阀返回到油泵。溢流阀如图 4-72 所示，各部件之间关系如图 4-73 所示。

图 4-72　溢流阀

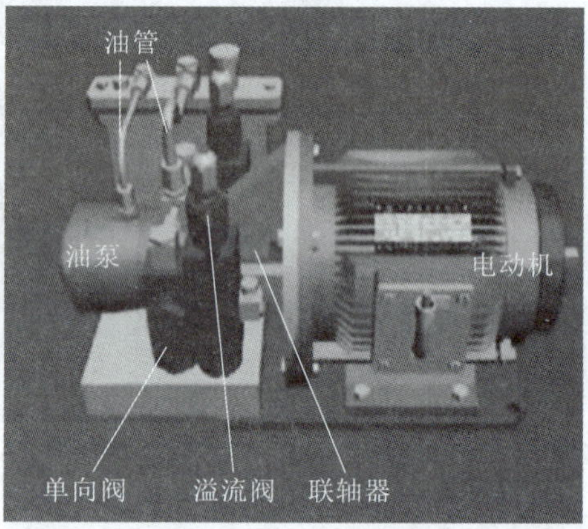

图 4-73　电动机、联轴器、油泵等各部件关系

ZYJ7 型电液转辙机的定、反位各设一个溢流阀，可以通过调整溢流阀，调整溢流压力大小。

7. 启动油缸

启动油缸在油路中与油缸并联，其作用是在电动机刚启动时先给一个小的负载，使启动油缸动作，待转速提高、力矩增大时再带动油缸动作，来克服交流电动机启动性能的不足。启动油缸与油缸如图 4-74 所示。

8. 油缸

油缸用来将注入缸内的液压力转换为机械力。油缸运动用来推动尖轨或心轨转换。与启动油缸不同的是，油缸动作时，活塞不动，缸体动作。

9. 推板

推板[图 4-67(a)中动作板下面]是嵌在油缸套上的矩形钢板。凸起的斜面动作时推动锁块,使动作杆运动。

10. 动作杆

动作杆用于连接杆与外锁闭杆连接,带动道岔尖轨或可动心轨转换。

动作杆上装有两个活动锁块,与油缸侧面的推板配合工作。转换道岔时,油缸带动推板,推板推动锁块,锁块通过销轴与动作杆相连。道岔转换至锁闭位置时,推板将动作杆上的锁块挤到锁闭铁斜面上。

图 4-74　启动油缸与油缸

11. 锁闭杆

主机的伸出与拉入位置各设一根锁闭杆,如图 4-75(a)所示,外端通过外表示杆与尖轨相连;内部开有方槽,与接点组的锁闭柱相配合。当尖轨转换到规定位置并锁闭后,锁闭柱落入锁闭杆上的方槽内,具有锁闭作用,同时使接点组的接点接通表示电路。锁闭柱与锁闭杆缺口两侧的间隙为(2±0.5) mm。锁闭柱如图 4-75(b)所示。

（a）锁闭杆

（b）锁闭柱

图 4-75　锁闭杆与锁闭柱

12. 接点组

接点组大多采用普通自动开闭器,如图 4-76(a)所示,也可采用沙尔特堡型速动开关,用于及时准确接通和断开转辙机的启动和表示电路。

普通自动开闭器与 ZD6 系列电动转辙机用的一致,只是每排静接点的编号方向有所不同,站在电动机侧由近向远编号为 1～6,如图 4-76(b)所示。

（a）

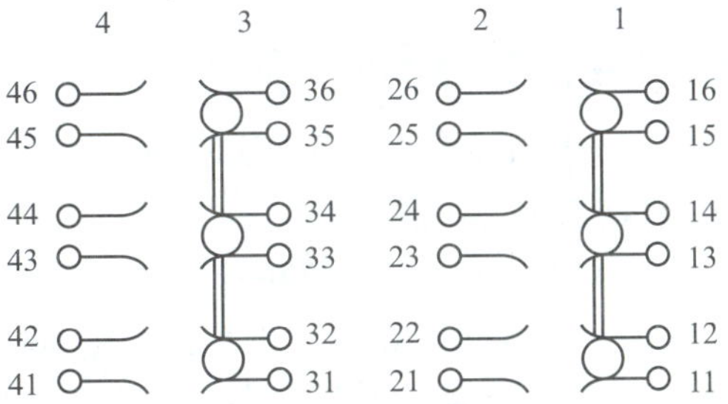

（b）

图 4-76　接点组

图 4-77　遮断开关

13. 遮断开关

遮断开关用于检修或人工摇动道岔时，断开安全接点，切断启动电路，如图 4-77 所示。

14. 表示杆

副机的伸出与拉入位置各设一根表示杆，如图 4-78 所示，外端通过外表示杆与尖轨连接；内方开有斜槽，与接点组的检查柱下端斜角相配合，以检查道岔位置。当尖轨转换到规定位置并锁闭时，检查柱下端落入表示杆缺口，接通表示电路。副机表示杆不起锁闭作用。检查柱与表示杆缺口两侧的间隙为(4±1.5) mm。

15. 挤脱器

挤脱器安装在 SH6 型转换锁闭器上，如图 4-79(a)所示，它与锁闭铁通过定力机构与机壳连在一起，如图 4-79(b)所示。当道岔被挤时，锁闭铁移位，同时表示杆移动，转换接点组断开表示电路，及时给出挤岔表示。

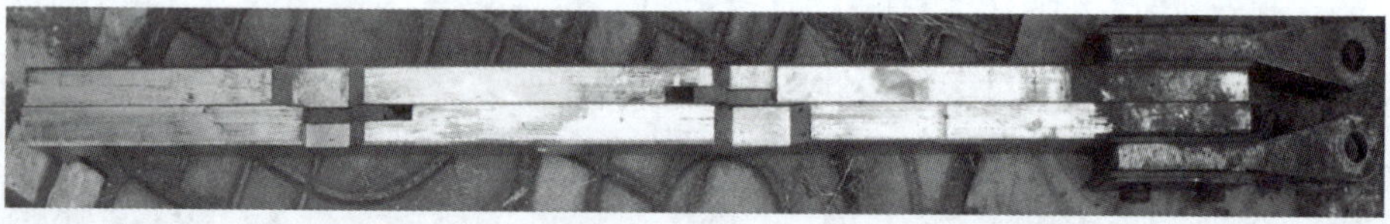

图 4-78　表示杆

(a)

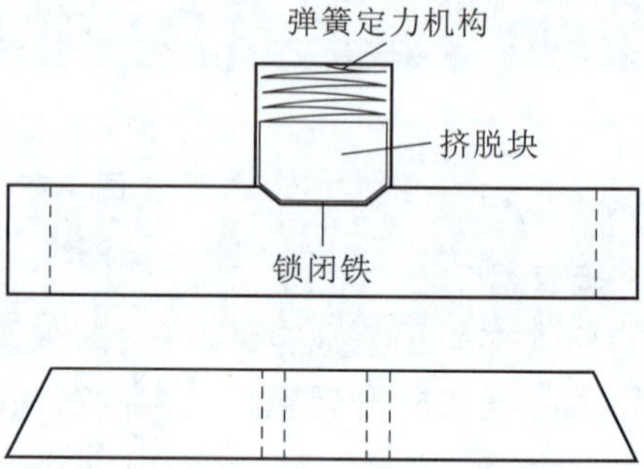

(b)

图 4-79　挤脱器

二、ZYJ7 型电液转辙机工作原理

ZYJ7 型电液转辙机的工作原理由油路系统工作原理和机械动作原理两部分构成。

1. 油路系统工作原理

ZYJ7 型电液转辙机油路系统工作原理如图 4-80 所示，当电动机带着油泵顺时针方向启动时，油泵从油缸的左侧腔内吸入油并向油缸右侧腔泵出。因交流电动机启动力矩较小，液压油首先推动启动油缸活塞迅速向左移动，以启动电动机；当电动机启动成功并带动油泵正常转动后，油泵继续从油缸的左侧腔内吸入油，并向油缸右侧腔泵出，因此，右侧油腔油压升高，左侧油腔油压降低，由于活塞杆固定不动，所以高压油推动油缸向右移动，油缸带动动作杆向右移动。当油缸动作到极点(极点值由溢流阀调整),转辙机还没有转换到位时,为保护油缸及油管不因过压而损坏,右侧溢流阀应该自动打开,此时油泵从油箱经左侧单向阀吸入油,并向油泵右侧泵出,经右侧的滤清器、溢流阀回油箱,形成一个恒压循环回路,这时称为溢流,用于吸收电动机惯性。

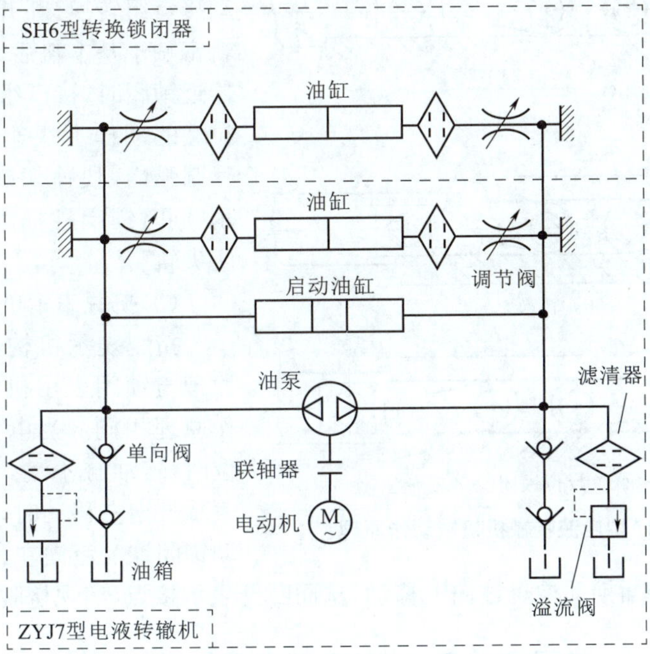

图 4-80　ZYJ7 型电液转辙机油路系统

若电动机带动油泵逆时针方向旋转时,油流动方向与上述方向相反,油缸动作方向与上述方向也相反。

2. 机械动作原理

机械动作原理分为转换锁闭机构动作原理、表示锁闭机构动作原理和挤脱表示机构动作原理三部分。

(1)转换锁闭机构动作原理

当道岔转换至定位位置时(例如拉入),推板的定位锁闭面与定位锁块的锁闭面相吻合使锁块不能移动,定位锁块的斜锁闭面与锁闭铁定位锁闭面互相吻合,使锁块和动作杆不能伸出,此时称为定位(拉入)锁闭状态,如图 4-81(a)所示。

当电动机启动,经联轴器带动油泵顺时针方向旋转,推动油缸向右动作,移动 25 mm 时推板定位锁闭面全部退出定位锁块的锁闭面。此时,转辙机为解锁状态。

推板继续带动反位锁块、动作杆移动,动作杆又带动定位锁块离开锁闭铁的定位锁闭面,使反位锁块和定位锁块处于锁闭铁和推板的间隙内,这时,转辙机进入了转换状态,如图 4-81(b)所示。

油缸继续通过推板和反位锁块带动动作杆向右移动,当动作杆继续移动到反位锁块与锁闭铁的锁闭面将要作用时,开始进入锁闭过程。继续向右移动 15.2 mm,将反位锁块推入锁闭铁的反位锁闭面,反位尖轨密贴于基本轨,此时,动作杆的行程为 7.6 mm。在尖轨密贴时,动作杆上的转换力可增加一倍,当尖轨密贴于基本轨后,油缸继续向右移动 9.8 mm,动作杆不动作，油缸侧面的推板进入反位锁块的锁闭面，转辙机为反位（伸出）锁闭状态，如图 4-81（c）所示。

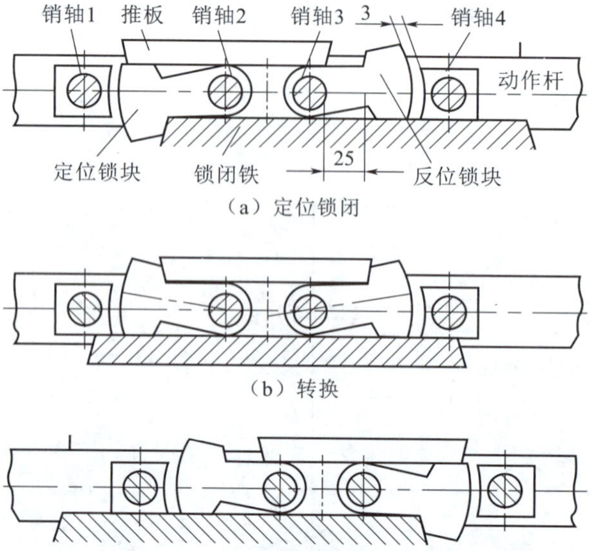

（a）定位锁闭

（b）转换

（c）反位锁闭

图 4-81　ZYJ7 型电液转辙机机械动作原理

（2）表示锁闭机构动作原理

当油缸向右移动，动作板的斜面推动接点组转换，断开原表示接点。当尖轨密贴于基本轨后，油缸继续向前移动接近锁闭时，接点组的启动片在接点组拉簧的动作下快速掉入动作板上速动片圆弧内，快速切断电源，接通反位表示，同时锁闭柱插入锁闭杆缺口内，锁闭尖轨。

（3）挤脱表示机构动作原理

挤脱表示机构的表示部分的动作原理与锁闭表示机构的表示部分的动作原理相同。当电液转辙机处于锁闭位时，若油缸不动，尖轨带动动作杆和表示杆向左移动时，动作杆通过锁块推动锁闭铁一起向左移动，锁闭铁顶起挤脱块，同时表示杆斜面推动检查柱向上移动，从而断开表示接点，实现挤脱断表示功能。

学习活动二　ZYJ7 型电液转辙机测试

【准备材料及工具】

需准备万用表、油压表、试验片等材料及工具，如图 4-82 所示。

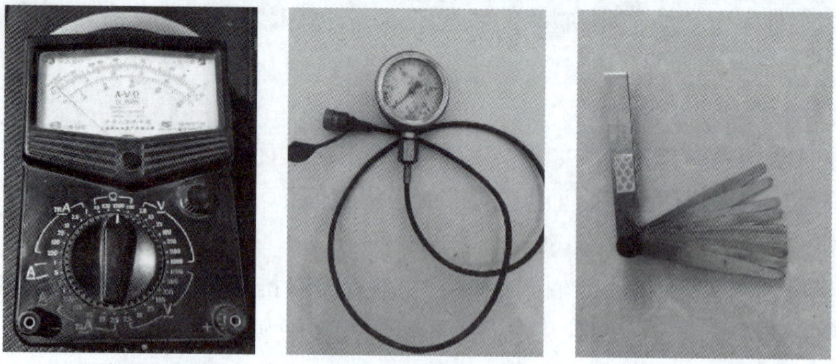
（a）万用表　（b）油压表　（c）试验片

图 4-82　材料及工具

【活动过程】

ZYJ7 型电液转辙机测试主要有动作电压测试、动作压力测试、溢流压力测试、2 mm/4 mm/6 mm 试验。完成下列测试，把测试结果填写在表 4-12 和表 4-13 中。

表 4-12　ZYJ7 型电液转辙机测试记录卡

日期	动作电压(V)		动作压力(MPa)		溢流压力(MPa)		2 mm 锁闭		4 mm/6 mm 不锁闭		测试人
	定位	反位	定位	反位	定位	反位	定位	反位	定位	反位	

表 4-13　道岔表示测试记录表

日期	道岔名称	组合位置	道岔表示继电器(交)(V)		道岔表示继电器(直)(V)		测试人
			定位	反位	定位	反位	

1. 动作电压测试

技术标准:额定工作电压为三相交流 380 V。

测试方法:将万用表置交流 500 V 挡,扳动道岔,定位转反位时,分别测试端子 1、端子 3、端子 4 之间的电压;反位转定位时,分别测试端子 1、端子 2、端子 5 之间的电压。

2. 动作压力、溢流压力测试

技术标准:动作压力应不大于 10 MPa;溢流压力不大于 14 MPa。

测试方法:道岔不转换时将电液转辙机液压测试接头打开,将油压表的压力接头与之连接紧固,联系扳动道岔测量,在转换过程中测得的为动作压力。将 4 mm 试验板插入第一连接杆尖轨与基本轨之间,使道岔在摩擦状态,测得溢流压力。调整溢流阀可调整液流压力,测试完后在油压表指示回“0”、道岔不转换时将油压表取下,测试道岔另一边的溢流压力,注意液压测试接头测完后一定要紧固。

3. 2 mm/4 mm/6 mm 试验

测试方法与 ZD6 系列电动转辙机相同,不再赘述。

4. 道岔表示继电器交、直流电压测试

技术标准:道岔表示继电器线圈交流电压在 55～61 V 之间,直流电压在 19～23 V 之间。

测试方法:将万用表置于交流 100 V 电压挡,测试道岔表示继电器 DBJ 或 FBJ 线圈 1、4 端子,测得表示继电器交流电压。万用表置直流 100 V 电压挡,红表笔接线圈 1 端子、黑表笔接线圈 4 端子,测得表示继电器直流电压。

【活动评价】

在学习完 ZYJ7 型电液转辙机的测试后,每组派两位代表进行实操测试,相邻组派一名组员根据活动评分 4-14 表监督评分,事后监督员说出扣分缘由。

表 4-14　活动评分表

序号	主要内容	考核要求	配分	评分标准	得分
1	ZYJ7 型电液转辙机的测试	能正确使用仪表对 ZYJ7 型电液转辙机测试	70	1. 仪表准备齐全，缺一件扣 2 分，共 10 分。 2. 仪表使用不正确，扣 10 分。 3. 损坏器材、仪表，扣 10 分。 4. 侧错端子，每个端子扣 5 分，共 20 分。 5. 测试漏项，扣 10 分。 6. 测试数据记录要求填写字迹清晰，记录不清楚，扣 10 分	
2	文明安全生产	劳保整齐，规范操作，出清收尾	30	1. 未正确佩戴劳保用品，扣 10 分。 2. 未规范操作，扣 10 分。 3. 工具物料未出清，扣 10 分	
合计(总分)		小组编号			

学习活动三　ZYJ7 型电液转辙机调整

【准备材料及工具】

需准备手摇把、套筒、信号锁钥匙、活口扳手、尖嘴钳、斜口钳、克丝钳、密贴调整片、开程片、手锤、开口销、绑扎线等材料及工具。

【活动过程】

ZYJ7 型电液转辙机调整先调开程和锁闭量，再调密贴，最后调表示缺口，多机牵引时，原则上应从辙叉往岔尖方向逐点顺序调整，

1. 开程和锁闭量的调整

道岔开程指道岔锁闭状态时斥离尖轨与基本轨在锁闭杆中心轴线处的开口距离。

(1)调整动作连接杆。对开程偏差超过 4 mm 以上的可以调整动作连接杆，减小开程偏差。每动一齿，动作连接杆变化 3 mm，也就是一边开程增加 3 mm，另边开程减小 3 mm，可消除 6 mm 的开程偏差。手摇或电动使一、二牵引点到位，检查道岔开程，应根据两侧开程差除以 2 去调整动作拉杆长短即可。

(2)增加或减少内开程片。如开程大，应在尖轨连接铁与钢轨间增加开程片，反之，应去掉开程片。

(3)调整钢枕位置。保持基本轨不动，使钢枕做向左或向右的调整，改变了电动机与其间的距离，可小范围内调整开程偏差(偏差≤3 mm)。

(4)尖轨开程第一牵引点(160±3) mm，第二牵引点(75±3) mm；锁闭量第一牵引点≥25 mm，第二牵引点≥20 mm。两侧开程偏差≤3 mm，锁闭量偏差≤2 mm，需保证偏差位于同侧。

2. 道岔密贴的调整

(1)满足 2 mm 锁闭、4 mm 不锁闭。

(2)根据尖轨与基本轨的间隙，通过增减锁闭铁与锁闭框的调整片来实现。以道岔定位位置密贴过松为例，调整过程为：转动开关锁，利用遮断开关切断动作电路，卸下锁闭铁处连接销、防松帽，松开螺母，添加调整片到锁闭铁与锁闭框间，拧紧螺母。闭合遮断开关使用

4 mm 试验片试验。如不符合，继续添加调整片，直至道岔 4 mm 不锁闭，调整完成后，道岔密贴锁闭良好，4 mm 检查试验定、反位均不锁闭。

(3)密贴程度以动作杆停止移动、尖轨基本密贴后，手摇把仍可再摇 2～3 圈转辙机才锁闭，自动开闭器全部转换为好。

(4)若尖轨已密贴，转辙机不能锁闭、溢流阀溢流，说明密贴力调整过紧。若尖轨没密贴，转辙机已密贴，说明密贴力调整小。

3. 缺口的调整

(1)密贴调整好后再调表示杆，调整安装装置的长、短表示杆上的轴套，使检查柱落入表示杆缺口，应先调伸出，再调拉入。锁闭柱缺口两侧间隙为(2.0±0.5) mm，SH6 型转换锁闭器检查柱两侧间隙为(4.0±1.5) mm。

(2)表示缺口一定要在道岔开程、密贴各项指标符合要求以后进行调整，调整缺口时，必须检查表示杆轴套啮合良好，调整缺口时，无扣轴套和备帽同时旋转，防止无扣轴套与有扣轴套脱套。

(3)主、副表示杆的调整：定、反位可分别调整，互不影响。

(4)调整完后，要反复扳动试验。检查缺口无误，道岔开程正确，定、反位密贴良好后，拔出手摇把，合上遮断开关。

【活动评价】

在学习完 ZYJ7 型电液转辙机调整后，每组派两位代表进行实操调整，相邻组派一名组员根据活动评分表 4-15 监督评分，事后监督员说出扣分缘由。

表 4-15　活动评分表

序号	主要内容	考核要求	配分	评分标准	得分
1	ZYJ7 型电液转辙机调整	能按正确的步骤，对 ZYJ7 型电液转辙机调整	70	1. 工具、材料准备齐全，缺一件扣 2 分，共 10 分。 2. 工具使用不正确，扣 10 分。 3. 损坏器材、工具，扣 10 分。 4. 调整步骤不正确，错一次扣 5 分，共 20 分。 5. 不清楚调整技术标准扣 10 分。 6. 调整完成未紧固，未采取防松措施，每处扣 5 分，共 10 分	
2	文明安全生产	劳保整齐，规范操作，出清收尾	30	1. 未正确佩戴劳保用品，扣 10 分。 2. 未规范操作，扣 10 分。 3. 工具物料未出清，扣 10 分	
合计(总分)			小组编号		

学习活动四　ZYJ7 型电液转辙机检修

【准备材料及工具】

工具：通信工具、克丝钳、尖嘴钳、长嘴钳、斜口钳、手摇把、清扫工具、手锤、十字螺丝刀、一字螺丝刀、梅花扳手、呆口扳手、活口扳手、套筒组合工具、锁钩清扫工具、润滑脂注油器、液压油注油器、表示缺口检查尺、大镊子、1～10 mm 试验片、塞尺、盒尺、木楔、油壶。

材料：钢丝刷、毛刷、竹片、白市布、鹿皮、棉纱、1.6 mm 小绑线、YH-10 号航空液压油、机油、钟表油、清扫工具。

仪表：万用表、绝缘测试仪表、油压表。

【活动过程】

我们要定期对道岔转辙设备按作业程序及标准进行检查，确保在一定的时间周期内，道岔定、反位动作正常，其电气性能和机械性能符合设备技术标准要求。ZYJ7 型电液转辙机检修包括日常巡检和集中检修。我们以集中检修为例来学习，检修作业流程如下。

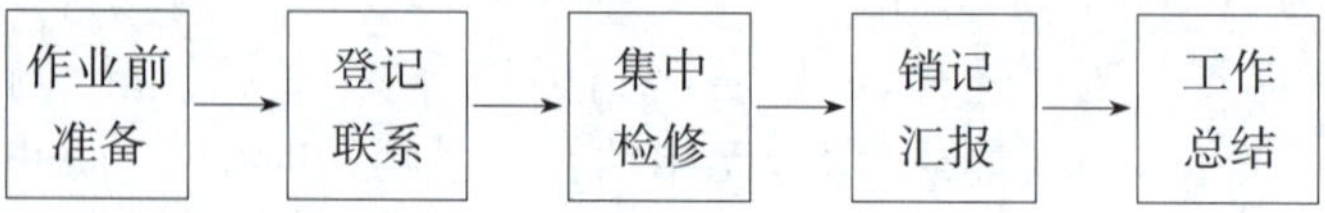

检修流程中集中检修包括以下内容：

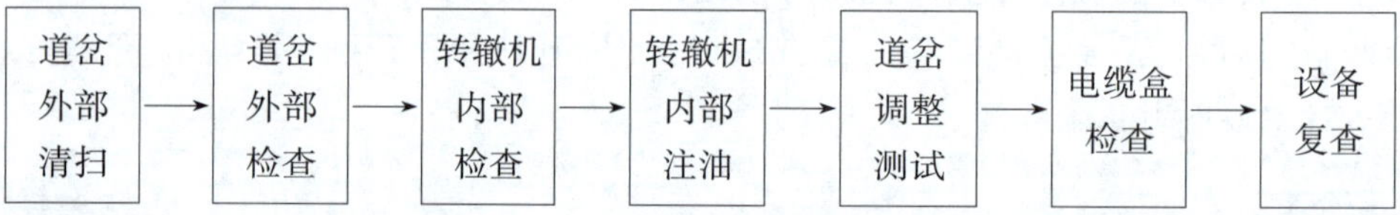

一、作业前准备

（1）召开班前布置会，作业负责人布置日常养护任务，明确作业地点、时间、任务及相关人员分工。

（2）作业负责人针对人员、环境等因素提出安全预想，确定安全关键点。安全员对安全关键点进行补充。

（3）准备工具、材料、仪器仪表。

（4）检查防护用品齐全，状态良好。室外防护员、驻站联络员试验通信工具。

二、登记联系

（1）驻站联络员在“行车设备检查登记簿”内按规定格式登记。

（2）室外防护员到达现场后，与驻站联络员通话试验，联系确认作业地点、转辙机名称及工作内容，进行作业防护，确保通信畅通。

三、集中检修

1. 道岔外部清扫

（1）扳动道岔核对道岔位置。

（2）滑床板清扫：清扫前将木楔放在尖轨与基本轨间，用清扫工具对滑床板清扫，用棉纱蘸机油擦拭。

（3）安装装置螺栓清扫：钢丝刷清扫安装装置螺栓，用毛刷清扫干净。

（4）硬面化清扫：用清扫工具清扫硬面化。

（5）通路清理：使用小钩铲进行通路清理，石砟面距拉杆 70～80 mm。

2. 道岔外部检查

(1)道岔密贴检查:检查尖轨与基本轨、心轨与翼轨应达到静态宏观密贴。道岔锁闭后,用塞尺插入检查尖轨尖端至第一牵引点处允许有≤0.5 mm 的间隙,其余部分允许有≤1 mm 的间隙,如图 4-83 所示。

(2)用 1 mm 塞尺插入检查尖轨轨腰与顶铁间隙<1 mm,如图 4-84 所示。

图 4-83 密贴检查

图 4-84 检查尖轨轨腰与顶铁间隙

(3)肥边检查:用 1 mm 塞尺检查尖轨、基本轨有无肥边。

(4)道岔爬行检查:查看标尺,尖轨爬行≤20 mm。

(5)道岔方正检查:用道岔方尺测量各牵引点动作杆、表示杆与直基本轨垂直。

(6)吊板检查:用 1 mm 塞尺能插入尖轨底部,说明该处吊板;尖轨吊板不能连续超过 3 块。

(7)密贴力检查:撬动密贴尖轨应稍有位移,松开后自动复位。

(8)螺栓紧固、机械暗伤及裂纹检查:用手锤敲打(小镜子)检查道岔安装装置、各部件有无机械暗伤及裂纹,螺栓紧固无松动。

(9)小绑线、开口销检查:检查小绑线齐全有效;开口销齐全,劈开角度 60°~90°,且两臂劈开角度基本一致。

(10)销轴旷动量检查:通过塞尺检查连接面的磨痕来判断,表示杆销孔旷量≤0.5 mm,其他销孔旷量≤1 mm。

(11)油管检查:油管、油管防护槽钢及主、副机连接处所无油迹,油管弯曲半径≥150 mm,油管无较大龟裂,防护槽钢固定良好,油管出口处有防磨措施。

(12)表示缺口印记检查:表示缺口监视窗印记应基本对齐,错开<0.5 mm。

(13)道岔开程检查。①18 号道岔尖轨第一牵引点(160±5) mm;第二牵引点钢枕(122±5) mm,水泥枕(117±5) mm;第三牵引点钢枕(69±5) mm,水泥枕(72±5) mm。②12 号两点牵引:第一牵引点(160±5) mm,第二牵引点(75±5) mm;12 号五点牵引:第一牵引点(160±5) mm,第二牵引点(117±5) mm,第三牵引点(55±5) mm;③外锁交分尖第一牵引点(145±5) mm,第二牵引点(88±5) mm,心轨(85±5) mm;④定、反位开程偏差不大于 2 mm。

(14)限位块检查:检查限位块与锁闭框间有间隙,用 3 mm 塞尺插入检查间隙≤3 mm,限位块紧固,无松动、脱落。

(15)外锁装置划痕检查:检查锁闭铁斜面、锁钩与锁闭铁接触部位有无划痕,用小镜子检查锁闭杆与锁钩重合处有无划痕。

（16）融雪装置检查：融雪加热条紧贴基本轨，无拱起现象，卡具无脱落、缺失现象，加热条连线绝缘皮无破损，胶管防护良好。

（17）绝缘测试。用绝缘测试仪表测试：①＞20 Ω 良好；②10～20 Ω 重点盯控；③＜10 Ω 立即更换。

3. 转辙机内部检查

（1）吊板检查：用 1 mm 塞尺能插入尖轨底部，说明该处吊板；尖轨吊板不能连续首先打开遮断开关。

（2）转辙机内部清扫：用毛刷、大镊子夹棉纱进行内部清扫擦拭，用吸尘器吸除污物。

（3）密封检查：检查转辙机盘根作用良好，转辙机盖高度适宜，手摇把孔封堵良好。

（4）螺栓紧固检查：有防松标记的螺栓，通过查看防松标记方法检查，对没有防松标记的螺栓进行紧固。

（5）线环及配线检查：检查线环无过大、松脱，配线不接触箱（盒）体。

（6）油路检查：目视检查油路各部密封件无渗漏。

（7）活塞杆密封检查：扳动道岔检查，活塞杆两端无渗漏。

（8）惯性轮检查：用螺丝刀别住联轴器，用手转动惯性轮不抱死。

（9）滚轮检查：滚轮落下时与动作板底部不受力，用手转动落下后的滚轮，应转动灵活，落下时滚轮与动作板底部不受力，并与动作板斜面有 0.5 mm 以上间隙，如图 4-85 所示，用 0.5 mm 塞尺插入检查滚轮与动作板斜面的间隙大于 0.5 mm。

（10）启动片尖与速动片间隙检查：当滚轮在动作板上滚动时，启动片尖与速动片的间隙为 0.3～1.3 mm，如图 4-86 所示。

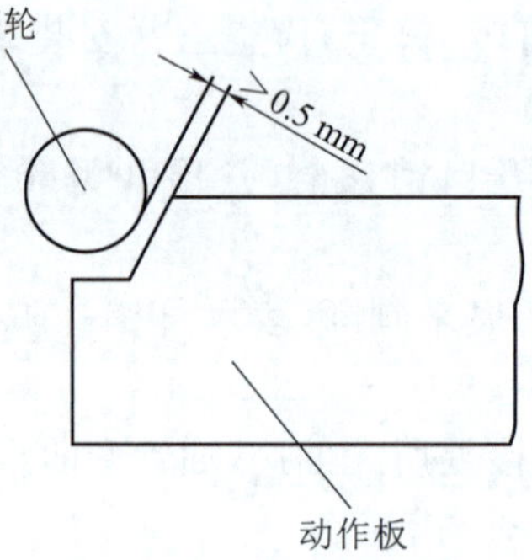

图 4-85　滚轮与动作板片间隙

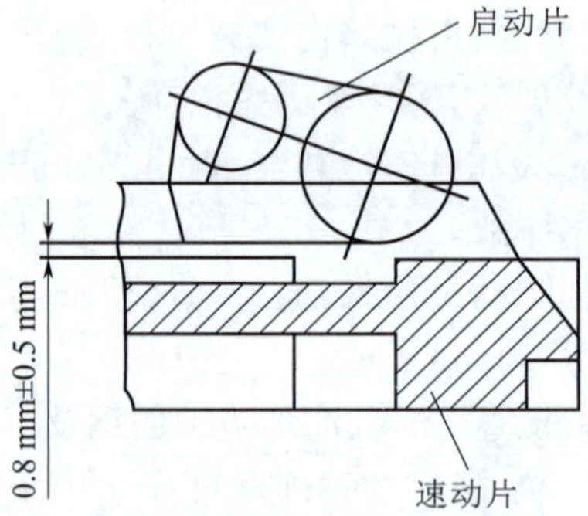

图 4-86　启动片尖与速动片间隙

（11）油量检查：将油标尺用干净的棉纱擦拭后检查油量，油量在油标尺刻度线上、下限之间，油量缺少时及时加油并查找原因，加油时必须使用专用注油器在注油孔注油。

（12）接点座状态及接点磨耗检查：目视检查接点座安装牢固无裂纹，动接点环、静接点片磨耗不超过 1/2，对超标的进行更换。

（13）接点接触深度检查：动接点在静接点片内接触深度≥4 mm，通过查看动接点柱和静接点片上的标记线是否对应来确定。

（14）动接点与接点座间隙检查：动接点打入静接点时，与静接点座应保持＞3 mm 间隙。

（15）动接点摆动量检查：用手扳动动接点，其摆动量≤2 mm。

(16)动接点窜动检查:启动片落下前,动接点在静接点内窜动时,应保证接点接触深度>2 mm。

(17)动接点打入及辅助片检查:手动检查动接点打入静接点片,两静接点片同时接触接点环,辅助片作用良好。

(18)静接点片点接触检查:检查遮断开关和自动开闭器接点,不准点接触。

(19)底棱检查:静接点片底部与动接点柱底棱不得接触。

(20)动接点环转动检查:用手转动接点环需转动灵活,防脱措施齐全有效。

(21)接点擦拭:一手指托住接点片(环),使用竹片缠白市布进行首次擦拭,用竹片缠鹿皮进行二次擦拭。

4. 转辙机内部注油

(1)转辙机注润滑脂:推板与锁块处、油缸与机壳衬垫用毛刷涂抹少许润滑脂。

(2)惯性轮注油:注油孔各注钟表油 2 滴。

(3)滚轮、动作板注油:滚轮各注钟表油 2 滴,动作板注钟表油适量。

(4)锁闭柱(ZYJ7 主机)、检查柱(副机)注油:各注钟表油 2 滴。

(5)速动片注油:各注钟表油 3 滴,用螺丝刀拨动速动片,动作灵活。

(6)自动开闭器活动部位注油:各注钟表油 2 滴。

5. 道岔调整、测试

(1)检查油压:提前将 2 块油压表安装,道岔转换时在尖轨与基本轨间夹 10 mm 测试溢流压力≤14 MPa,松开溢流阀锁紧螺栓,用专用工具顺时针旋转压力增大,逆时针旋转压力减小,调整后螺栓锁紧。

(2)密贴力检查:

①运行速度 120 km/h 以下区段第一牵引点夹标准 4 mm 道岔不锁闭,其他牵引点夹标准 6 mm 道岔不锁闭。

②运行速度 120～160 km/h 区段密贴段牵引点处夹标准 4 mm 道岔不锁闭,两牵引点之间夹标准 10 mm 道岔不锁闭。

③密贴状态下,第一牵引点尖轨(心轨)与基本轨(翼轨)的缝隙应不大于 1 mm。

④在锁框与锁闭铁之间增减调整片,进行密贴调整,尖轨与基本轨心轨与翼轨间再次夹标准 4 mm/2 mm 试验达标。

(3)调整表示缺口:用表示缺口检查尺插入检查,尖轨、心轨第一牵引点(2.0±0.5) mm,其他各牵引点(4.0±1.5) mm。

(4)缺口与监视窗印记核对。

6. 电缆盒检查

(1)电缆盒内部清扫:用毛刷对电缆盒进行清扫,用吸尘器吸除污物。

(2)防尘通风检查:检查盘根作用良好,二次防尘齐全,通风孔作用良好。

(3)端子配线检查:电缆盒内部端子防松标记齐全正确,无线伤,线环无过大、无反上,无压线皮,有防磨措施,胶堵齐全良好,有贯通标记。

(4)电缆盒固定明示检查:电缆无下沉,灌胶良好,电缆去向铭牌齐全。

(5)硒盒检查:用手轻轻晃动硒盒、电阻,固定良好无松动,目视检查电阻焊接处所无开焊现象。

(6)图实核对:接线图、配线图齐全正确(每年一次)。

(7)填写检修记录。

7. 设备复查

(1)加锁:电缆盒、转辙机、防护罩加锁。

(2)转辙机盖压盖螺栓丝扣注机油 2 滴,锁具孔注机油 2 滴,电缆盒压盖螺栓各注机油 2 滴。

(3)遮断开关与转辙机外壳连接处用棉纱擦拭后注机油 2 滴、专用锁具注机油 2 滴,转辙机箱轴处清扫后各注机油 2 滴。

(4)防护罩安装固定螺栓、活动部位各注机油 2 滴,锁具注机油 2 滴。

(5)道岔扳动,检查设备无异状。

(6)转辙机、防护罩加锁固定良好。

(7)作业结束,对工具、材料、仪表进行清点,确认无遗漏。

四、销记汇报

检修作业完毕,人员及作业机具全部下道后,由作业负责人向驻站联系人汇报,驻站联系人员方可办理销记并交付使用。

五、工作总结

(1)作业人员汇报当日工作完成情况、设备缺点克服情况及遗留问题。

(2)作业负责人总结当日作业情况、劳动安全作业纪律执行情况。

(3)对设备遗留问题录入问题库。

(4)填写检修相关记录。

【活动评价】

在学习完 ZYJ7 型电液转辙机的检修后,每组同学分工扮演不同角色进行实操检修,相邻组派一名组员根据活动评分表 4-16 监督评分,事后监督员说出扣分缘由。

表 4-16 活动评分表

序号	主要内容	考核要求	配分	评分标准	得分
1	ZYJ7 型电液转辙机检修	能用正确工具、材料、仪表对 ZYJ7 型电液转辙机检修	70	1. 工具、材料、仪表准备齐全,缺一件扣 2 分,共 10 分。 2. 工具、材料、仪表使用不正确,每次扣 2 分,共 10 分。 3. 损坏器材、工具、仪表,扣 10 分。 4. 未按照检修流程,扣 10 分。 5. 检修时测试数据不正确,每项扣 5 分,共 20 分。 6. 测试数据记录要求填写字迹清晰,记录不清楚,扣 10 分	
2	文明安全生产	劳保整齐,规范操作,出清收尾	30	1. 未正确佩戴劳保用品,扣 10 分。 2. 未规范操作,扣 10 分。 3. 工具物料未出清,扣 10 分	
合计(总分)			小组编号		

【任务评价】

项目名称			任务名称	
小组成员			综合评分	
学生自评	理论任务完成情况			
	序号	知识考核点	自评意见	自评结果
	1			
	2			
	3			
	训练任务完成情况			
	项目	内容	评价标准	自评结果
	训练准备			
	训练方法			
	质量考核			
	安全考核			
学习小组评价	团队合作□　动手操作能力□　信息获取能力□　交流沟通能力□ （根据完成任务情况填写：A 优秀；B 良好；C 合格；D 有待改进）			
教师评价				

【练习与思考】

1. 简述 ZYJ7 型电液转辙机的检修过程。

____

2. 简述如何调整道岔密贴。

____

3. 简述如何调整道岔缺口。

____

任务四　S700K 型电动转辙机维护检修

【任务导入】

S700K 型电动转辙机是采用三相交流电动机供电，用滚珠丝杠作为驱动装置，结构先进、工艺精良、故障率低，广泛应用于提速区段、高速铁路和城市轨道交通线路上。S700K 型电动转辙机与 ZYJ7 型电液转辙机都属于交流转辙机，测试和调整方法基本相同，本任务不再赘述。那么 S700K 型电动转辙机由哪些部件组成？各个部件的作用是什么？它是如何带动道岔转换的？如何维护检修呢？下面带着问题开始学习。

【任务目标】

1. 掌握 S700K 型电动转辙机的结构、传动过程。
2. 掌握 S700K 型电动转辙机的拆分方法。
3. 掌握 S700K 型电动转辙机的检修作业程序及技术标准。
4. 能够按照《铁路技术管理规程（普速铁路部分）》《普速铁路信号维护规则　技术标准》的要求进行 S700K 型电动转辙机的检修作业。
5. 能够正确选用检修工具、材料、仪表。

【任务实施】

学习活动一　S700K 型电动转辙机结构认知

【准备材料及工具】

需准备手摇把、机盖钥匙、遮断开关钥匙等材料及工具，如图 4-87 所示。

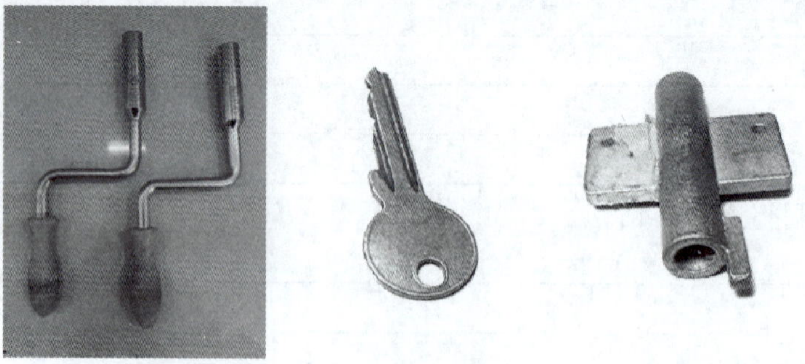

（a）手摇把　　（b）机盖钥匙　　（c）遮断开关钥匙

图 4-87　材料及工具

学习【任务关联知识】相关内容后，按要求完成以下学习活动。

【活动过程】

查阅相关资料，用机盖钥匙打开转辙机，观察转辙机内部结构，用遮断开关钥匙，断开遮断开关，插入手摇把摇动转辙机，观察转辙机的动作过程，理解转辙机的动作原理，将图 4-88 中 S700K 型电动转辙机主要部件及作用填入表 4-17 中。

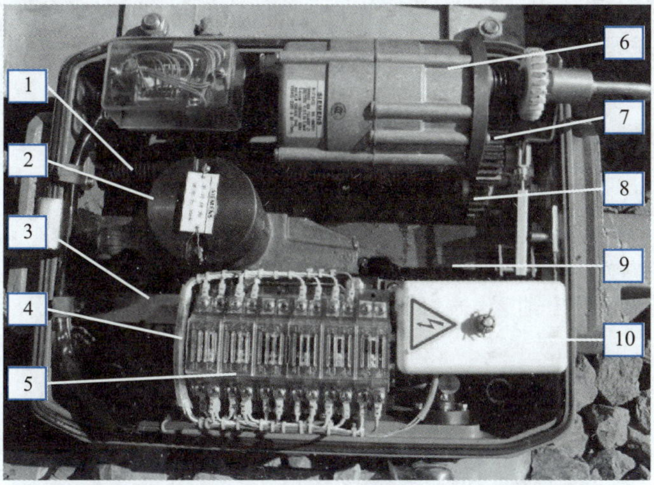

图 4-88　S700K 型电动转辙机

表 4-17　S700K 型电动转辙机各部件名称及作用

序号	名　称	作　用
1		
2		
3		
4		
5		
6		
7		
8		
9		
10		

S700K 型电动转辙机的动作顺序为：电动机旋转→________________________________

____

【活动评价】

在学习完 S700K 型电动转辙机结构认知后，每组派两位代表完成以上考核内容，相邻组派一名组员根据活动评分表 4-18 监督评分，事后监督员说出扣分缘由。

表 4-18　活动评分表

序号	主要内容	考核要求	配分	评分标准	得分
1	S700K 型电动转辙机主要部件及作用	能够识别 S700K 型电动转辙机结构组成，正确指出各部件名称及作用	80	未能够正确指出各部件名称及作用，每项扣 4 分，共 80 分	
2	S700K 型电动转辙机的动作顺序	能够熟练说出 S700K 型电动转辙机的动作顺序	20	未能够正确说出 S700K 型电动转辙机的动作顺序，扣 20 分	
合计(总分)			小组编号		

【任务关联知识】

S700K型电动转辙机利用380 V交流电动机进行驱动，采用带摩擦联结器的高精度滚珠丝杠进行传动，额定牵引力可在3 000 N到6 000 N之间连续调整，道岔转换平稳，转换时间6.6 s。该转辙机规格齐全，它不仅能满足尖轨、心轨的单机牵引，而且也能满足双机、多机牵引的需要，在我国得到广泛应用。

一、S700K型电动转辙机结构

S700K型电动转辙机由底壳、动作杆、电动机、电缆密封装置、滚珠丝杠、保持联结器、检测杆、速动开关组、锁闭块及锁舌、遮断开关、开关锁、摩擦联结器、指示标等组成，如图4-89所示。

（a）

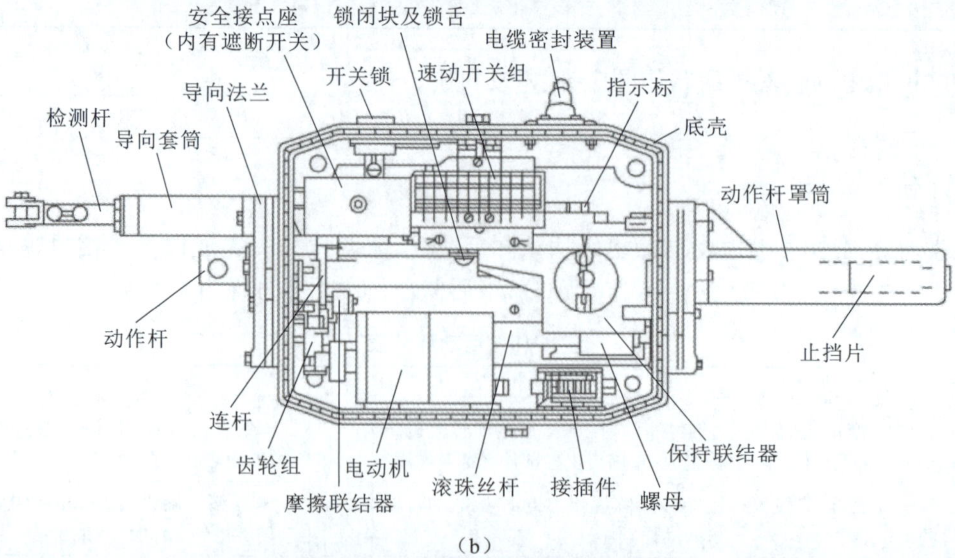

（b）

图4-89　S700K型电动转辙机

1. 电动机

电动机采用三相交流电动机，如图 4-90 所示，为转辙机提供动力，从根本上解决了直流电动机换相、碳刷需定期维护的不足。电动机额定电压为 380 V，额定电流为 2.0 A，主要由 3 个定子、笼式转子和外壳组成，3 个定子绕组呈星形接法，每相引出线均为单根多股软线，一般情况下，其星形汇集点在安全接点座 61、71、81 端子上，由跨接片跨接。有的转辙机星形汇集点在接插件万可端子上，可以通过改变三相交流电任意两相的相序使电动机正反转，实现道岔定、反位转换。

2. 齿轮组

齿轮组由摇把齿轮、电动机齿轮、中间齿轮和摩擦联结器齿轮组成，如图 4-90 所示。平时，摇把齿轮不与电动机齿轮啮合，只有手摇转辙机向里推摇把时才能啮合。当给电动机通电时，电动机齿轮旋转，带动中间齿轮旋转，进而带动摩擦联结器齿轮旋转，也就是说，将电动机的旋转驱动力传递到摩擦联结器上，并将电动机的转速降低，以增大旋转驱动力，适应道岔转换的需要。齿轮组属于转辙机的第一级减速器。

图 4-90　电动机、齿轮组、摩擦联结器

3. 摩擦联结器

摩擦联结器将齿轮组变速后的旋转力传递给滚珠丝杠，如图 4-90 所示，摩擦联结器内有 3 对主、被金属摩擦片，分别固定在外壳和滚珠丝杠上，摩擦片的端面有若干个压力弹簧，通过调整弹簧的压力，可以使主、被摩擦片之间的摩擦力大小发生变化，实现了电动机和滚珠丝杠之间的软连接。当尖轨转换受阻时，作用于滚珠丝杠上的转换阻力大于摩擦力，主、被摩擦片之间相对打滑空转，保护三相电动机。

需要注意的是，S700K 型电动转辙机在出厂时已对摩擦联结器的摩擦力进行标准化测试调整，现场维修人员不得随意调整。

4. 滚珠丝杠

滚珠丝杠相当于一个直径 32 mm 的螺栓和螺母，如图 4-91 所示。当滚珠丝杠正向或反向旋转一圈时，螺母前进或后退一个螺距。它的作用一是将电动机的旋转运动变为直线运动，二是起到减速作用，减速比取决于丝杠的螺距。

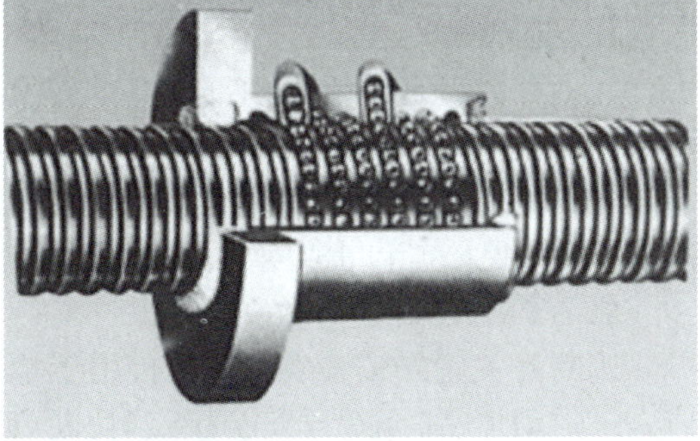

图 4-91　滚珠丝杠

5. 操纵板

操纵板和滚珠丝杠的螺母连接在一起，在转辙机刚启动螺母空动时，利用操纵板的动作将锁闭块顶入，通过锁闭块的缩入，将锁舌拉入，完成机内的机械解锁；另外随着锁闭块的缩入，切断原表示接点，接通向回转的电动机电路，如图 4-92 所示。

6. 保持联结器

保持联结器属于转辙机的挤脱装置，如图 4-93 所示，它的一侧与滚珠丝杠上的螺母联结，底侧利用弹簧的压力，将滚珠丝杠与动作杆连接在一起，当道岔的挤岔力超过弹簧压力时，动作杆滑脱，起到保护整机的作用。道岔为不可挤型时，将保持联结器内的弹簧取出，放一个止挡环，改为硬连接结构。该部件的顶盖是加铅封的，维修人员不得随意打开。不可挤型道岔的挤切力为 90 kN。

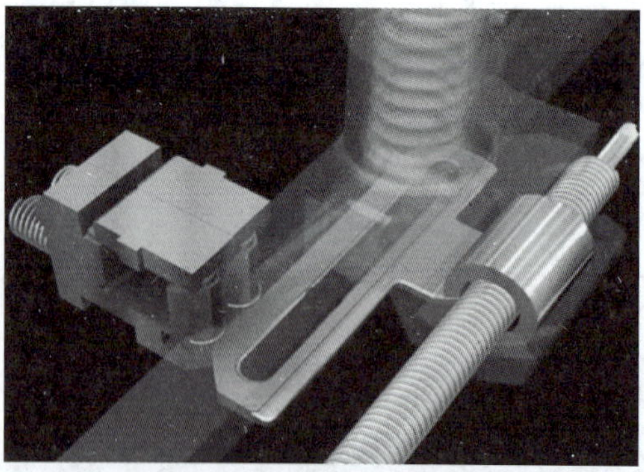
图 4-92　操纵板

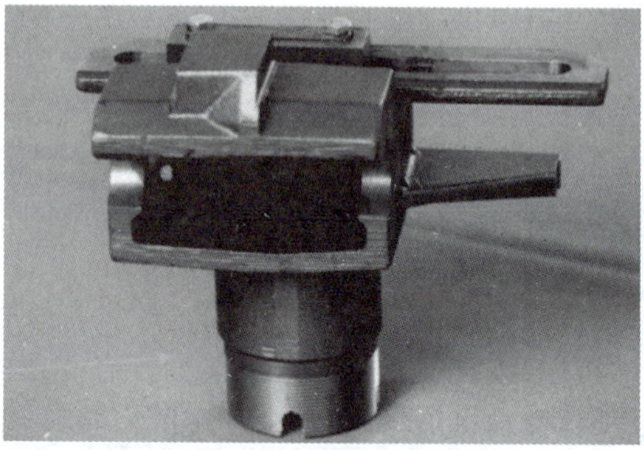
图 4-93　保持联结器

7. 动作杆

动作杆和保持联结器固定在一起，随保持联结器动作，并通过外锁闭装置带动道岔尖轨或心轨转换。动作杆上有一圆弧缺口，道岔转换到规定位置时，锁闭块及锁舌的弹出，顶入缺口，实现机内锁闭。

8. 检测杆

检测杆随尖轨或心轨转换而移动，用来监督道岔在终端位置时的状态。检测杆有上、下两层，上层检测杆用于监督缩进密贴尖轨（或心轨）的工作状态，下层检测杆用于监督伸出密贴尖轨（或心轨）的工作状态。

上、下层检测杆外接两根表示杆，可分别进行调整。当密贴尖轨或心轨，斥离尖轨或心轨达到规定位置后，上、下检测杆的大、小缺口对准转辙机的锁闭块时，锁舌弹出，给出有关表示。检测杆缺口调整为指示标对准检测杆缺口中央，距两侧各（2.0±0.5）mm。

9. 锁闭块及锁舌

转辙机开始动作后，锁舌在锁闭块的连接作用下应能正常缩入。锁闭块的缩入，应可靠地断开表示电路，完成转辙机的解锁。道岔转换到位，锁闭块正常弹出使速动开关有关启动接点断开，表示接点接通。锁舌正常弹出用于阻挡保持联结器的移动，实现转辙机的内部锁闭。锁舌的伸出量一般大于或等于 10 mm，最小伸出量不得小于 9 mm。

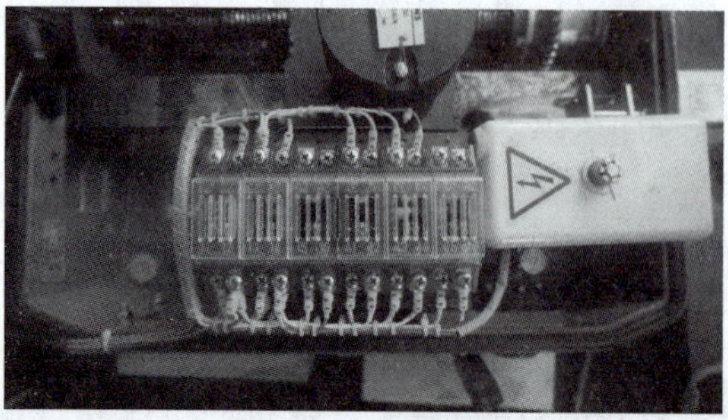
图 4-94　速动开关组

10. 速动开关组

速动开关组是转辙机内部电路的转换接点部分，如图 4-94 所示，用于监督道岔工作状态，给出道岔定位或反位表示。现场目前使用新型沙尔特保接点和 TS-1 接点两种型号。

11. 遮断开关

遮断开关置于安全接点座内，用于检修或人工摇动道岔时，断开安全接点，切断启动电路。

12. 开关锁

开关锁用于操纵遮断开关闭合和断开。当钥匙立着插入并逆时针转动 90°时，遮断开关被可靠断开。恢复时需提起开关锁上的锁闭销，同时将插入的钥匙顺时针转动 90°，接通遮断开关。

二、S700K 型电动转辙机工作原理

S700K 型电动转辙机的动作分为以下 3 个过程：第一为解锁过程，也是断开表示接点的过程；第二为转换过程；第三为锁闭过程，也是接通表示接点的过程。

1. 断开表示接点过程

当操纵道岔时，通过道岔控制电路将三相交流电加到电动机上，使电动机旋转，经齿轮组及摩擦联结器使滚珠丝杠旋转，从而使丝杠上的螺母做水平运动。在螺母运动的过程中，由操纵板将锁闭块顶入，使表示接点断开，同时带动锁舌向缩进方向运动，直至锁舌完全缩进，这时完成了转辙机机内的解锁。

2. 转换过程

在转辙机机内解锁后，锁闭块、锁舌都处于锁入的状态，保持联结器这时可以自由地进行直线运动，此时由于三相电动机继续转动，所以滚珠丝杠上的螺母继续运动，带动保持联结器运动。由于保持联结器与动作杆固定为一体，使动作杆运动，带动外部道岔尖轨或可动心轨进行转换，当动作杆运动达到转辙机动程时，即完成了转换过程。

3. 锁闭过程及接通表示接点过程

当动作杆带动道岔达到转辙机的动程，检测杆在尖轨或可动心轨带动下运动到规定位置后，检测杆上的缺口对准锁闭块，锁闭块弹出，断开启动接点，接通表示接点，同时锁舌也弹出，锁住保持联结器，使动作杆不随意窜动。

需要注意的是，S700K 型电动转辙机具有表示电路自检锁闭功能，卡缺口时，锁舌伸不出来，内锁闭无法锁闭，不能接通表示电路，也就是说，有道岔表示时，转辙机必须在内锁闭状态。

学习活动二　S700K 型电动转辙机拆分

【准备材料及工具】

需准备手摇把、机盖钥匙、遮断开关钥匙、套筒、十字螺丝刀、内六角扳手、卡簧钳、圆柱冲销、呆口扳手、克丝钳、一字螺丝刀、气动扳手、拉马等材料及工具。

【活动过程】

每组同学按要求准备工具、材料，熟悉各种工具的名称、性能和使用方法，并整齐摆放在各组对应的 S700K 型电动转辙机旁边。通过拆除 S700K 型电动转辙机，熟悉 S700K 型电动转辙机构造，理解 S700K 型电动转辙机动作原理。

1. 打开转辙机且内解锁

(1)打开遮断开关和机盖：用机盖钥匙打开转辙机，取下机盖，用遮断开关钥匙，打开遮断挡片。

(2)内解锁:插入手摇把,手摇转辙机使锁舌缩入,使转辙机机内解锁。

2. 拆除插座

(1)拆除保护盖:用 8 mm 套筒螺丝刀拆除插座保护罩螺母,取下保护盖。

(2)拆分各设备连线:用万可端子插针取下各设备连线。

(3)拆除插座:用十字螺丝刀拆除插座两侧螺栓,取下插座。

3. 拆除电动机和齿轮组

(1)拆除电动机:取下 ES 轴栓断开连接,用 8 mm 内六角扳手,拆除电动机与机体连接内六角螺钉,取出电动机。

(2)拆除摇把挡板:用卡簧钳拆除电动机遮断挡片的卡簧,取下摇把挡板。

(3)拆除传动齿轮:用卡簧钳取下传动齿轮的卡簧,取下传动齿轮。

(4)拆除摇把齿轮组:用十字螺丝刀拆除摇把齿轮螺栓,取下摇把齿轮,取下电动机。

4. 拆除检测杆

(1)拆除检测杆机内止动螺钉:用 6 mm 内六角扳手拆除检测杆机内止动螺钉,取出检测杆与机体分离。

(2)检测杆叉形接头拆分:用 16 mm 呆口扳手拆除检测杆叉形接头外六角螺钉,拆除检测杆叉形接头上的垫板和绝缘板,用 8 mm 圆柱冲销取出涨销,分离叉形接头,取下杆件。

5. 拆除检测杆导向套筒

拆除导向套筒:用 16 mm 呆口扳手拆除导向套筒外六角螺钉,取下导向套筒。

6. 拆除导向法兰和动作杆罩筒

(1)拆除动作杆密封法兰:用 16 mm 呆口扳手拆除动作杆密封法兰外六角螺钉,取下动作杆密封法兰,取下动作杆密封法兰密封圈、防护板和油毡圈。

(2)拆除机内锁栓:用 16 mm 呆口扳手拆除机内锁栓螺母,拆除机内锁栓螺钉和机内锁栓。

(3)拆除导向法兰(左):用 16 mm 呆口扳手拆除导向法兰螺钉,取下导向法兰。

(4)拆除机内锁钩和电缆支架:用 16 mm 呆口扳手拆除机内锁钩螺母,取下机内锁钩和电缆支架。

(5)拆除动作杆罩筒:用 16 mm 呆口扳手拆除动作杆罩筒螺钉和动作杆罩筒。

(6)拆除导向法兰(右):用 16 mm 呆口扳手拆除导向法兰上螺钉,取下导向法兰(右)。

7. 拆除动作杆

(1)拆解保持联结器组件:用克丝钳拆除保持联结器铅封,用一字螺丝刀拆除保持联结器一字螺丝,用气动扳手,取下保持联结器调节螺母,拆除弹簧和保持栓。

(2)拆除动作杆:用 10 mm 呆口扳手拆除动作杆止挡片,取下动作杆止挡片,取下动作杆。

8. 取出保持联结器及操纵板

待取下动作杆后,再取出保持联结器及操纵板。

9. 拆除带摩擦联结器的滚珠丝杠

拆除带摩擦联结器的滚珠丝杠:用一字螺丝刀将止动垫圈的防松压边翻起,用 32 mm 呆口扳手固定摩擦联结器端部的六棱套,拆除丝杠螺母和止动垫圈,然后取下 32 mm 呆口扳手,用铜锤从有摩擦联结器方向轻击滚珠丝杠轴端出机壳圆槽,用拉马取下轴承,取下带摩擦联结器的滚珠丝杠。

10. 拆除遮断开关

(1)拆除遮断开关保护罩:用尖嘴钳取下保护罩开口销、保护罩开槽螺母和遮断开关保护罩。

(2)断开遮断开关连线:用十字螺丝刀拆除遮断开关两颗螺栓,断开遮断开关连线。

(3)拆除遮断开关:用十字螺丝刀拆除遮断开关两侧沉头螺钉,取下遮断开关。

11. 拆除速动开关组

拆除速动开关组:用 6 mm 内六角扳手拆除 6 颗内六角螺钉,取下速动开关组。

12. 拆除锁闭块和锁舌

拆除一对锁闭块和锁舌:用 17 mm 呆口扳手拆除锁闭块导板螺钉,取下锁闭块导板,取出锁闭块和锁舌。

【活动评价】

在学习完 S700K 型电动转辙机的拆分后,每组派两位代表进行实操拆分,相邻组派一名组员根据活动评分表 4-19 监督评分,事后监督员说出扣分缘由。

表 4-19　活动评分表

序号	主要内容	考核要求	配分	评分标准	得分
1	S700K 型电动转辙机拆分	能按正确的步骤,对 S700K 型电动转辙机拆分	70	1. 工具、材料准备齐全,缺一件工具扣 2 分,共 10 分。 2. 损坏器材、工具,扣 10 分。 3. 拆分步骤不正确,每处扣 5 分,共 30 分。 4. 未正确使用工具、仪表,每次扣 5 分,共 20 分	
2	文明安全生产	劳保整齐,规范操作,出清收尾	30	1. 未正确佩戴劳保用品,扣 10 分。 2. 未规范操作,扣 10 分。 3. 工具物料未出清,扣 10 分	
合计(总分)		小组编号			

学习活动三　S700K 型电动转辙机检修

【准备材料及工具】

工具:通信工具、克丝钳、尖嘴钳、长嘴钳、斜口钳、手摇把、设备钥匙、清扫工具、手锤、螺丝刀、梅花扳手、呆口扳手、活口扳手、套筒组合工具、表示缺口检查尺、大镊子、小镜子、方尺、1～10 mm 试验片、塞尺、盒尺、木楔、腻子铲、油壶、万可端子插针。

材料:钢丝刷、毛刷、竹片、白市布、鹿皮、棉纱、1.6 mm 小绑线、机油、钟表油。

仪表:万用表、兆欧表。

【活动过程】

S700K 型电动转辙机检修包括日常巡检和集中检修。我们以集中检修为例来学习,检修作业流程如下:

检修作业流程中集中检修包括以下内容：

外部检查 → 转辙机内部检查 → 电缆箱盒内部检查 → 道岔调整测试 → 扳动试验 → 设备复查

一、作业前准备

(1)召开班前布置会，作业负责人布置日常养护任务，明确作业地点、时间、任务及相关人员分工。

(2)作业负责人针对人员、环境等因素提出安全预想，确定安全关键点。安全员对安全关键点进行补充。

(3)准备工具、材料、仪器仪表。

(4)检查防护用品齐全，状态良好。室外防护员、驻站联络员试验通信工具。

二、登记联系

(1)驻站联络员在“行车设备检查登记簿”内按规定格式登记。

(2)室外防护员到达现场后，与驻站联络员通话试验，联系确认作业地点、转辙机名称及工作内容，进行作业防护，确保通信畅通。

三、集中检修

1. 外部检查

(1)箱盒外部检查(图 4-95)

箱盒、基础无影响强度裂纹，无明显倾斜，油饰、加锁良好，蛇管完好不脱落，电缆不外露。硬面化清洁、无杂草。各部螺栓紧固、油润，地线端子连接牢固。

(2)转辙机外部检查(图 4-96)

①道岔号码及定位标记清晰。转辙机机壳无裂损、油饰完好，蛇管、油管完好不脱落，加锁良好。转辙机固定螺栓紧固、油润。

②转辙机表示缺口指示标对中。转辙机上、下两检测杆无张开和左、右偏移现象，检测杆头部的叉型连接头销、孔的磨耗旷量≤0.5 mm。

图 4-95　箱盒外部检查

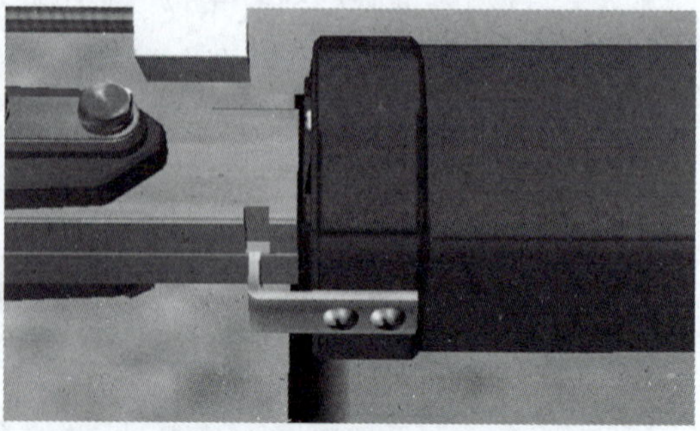

图 4-96　表示缺口指示标对中

(3)外锁闭装置及安装装置、杆件检查

①外锁闭装置及安装装置安装方正、平顺；转辙机动作杆与锁闭杆、连接杆成一条直线，并与岔枕保持平行；锁闭杆、表示杆与直股基本轨垂直，杆件远端与直基本轨垂直，偏差≤5 mm；各种道岔拉杆水平方向的两端高低偏差应≤5 mm(以两基本轨工作面为基准)。

②外锁闭及安装装置紧固件、连接销、表示杆和锁闭杆螺母齐全、不松动、防松措施良好；开口销齐全，劈开角度应在60°～90°之间，两臂劈开角度应基本一致。开口销如图4-97所示。

③各类杆件、销孔处的绝缘件完整，绝缘性能良好。杆件距轨底应>10 mm，如图4-98所示。

图 4-97　开口销

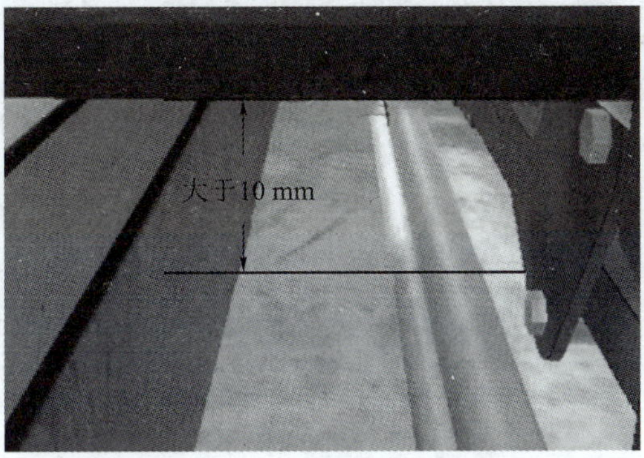

图 4-98　杆件距轨底应>10 mm

④螺栓螺纹调整余量≥10 mm；表示杆销、孔旷量不大于0.5 mm；导管连接销、孔旷量不大于1 mm。

⑤锁闭铁、锁钩与锁闭杆接触摩擦面及运动范围内保持清洁油润、无锈蚀、无卡阻。

⑥表示拉杆接头与尖端铁的连接牢固、不松动，锁钩轴销不弯曲、轴向滑动效果良好。

⑦设备无异状，尖轨和基本轨间无异物，杆件处无杂物，长短表示杆与滑床板间的间距≥10 mm；心轨表示拉杆接头与钢轨有10 mm以上间隙。

⑧结合部无病害：尖轨、基本轨、心轨、翼轨竖切部分无肥边；尖轨、心轨爬行不超标；滑床板和尖轨间隙适当，尖轨无翘头。

⑨道岔密贴状态良好。道岔锁闭时，尖轨(心轨)尖端至第一牵引点处，尖轨(心轨)与基本轨(翼轨)的间隙≤0.2 mm，其余密贴部位间隙≤1.0 mm。

(4)各部清扫、注油

2. 转辙机内部检查

(1)机盖灵活性检查：机盖开闭自如，防水、防尘性能良好，暗锁灵活有效。

(2)检查转辙机的密封状态：镶嵌于底壳边缘的密封圈保持弹性，无破损断裂。排水塞、动作杆罩筒塞无脱落，电缆密封装置与外部电缆保护管连接、密封状态良好。

(3)检查摇把齿轮的状态：摇把齿轮转动灵活，前、后拨动时无卡阻、滞涩现象。手摇结束后，摇把齿轮顺利退出啮合位置。

(4)检查摇把、挡板及遮断开关功能：当接通遮断开关时，手摇把插入孔挡板须能阻止手摇把啮入摇把齿轮。摇把齿轮与摇把挡板之间必须有一条侧隙(1～3 mm)，切断遮断开关后，手摇把须能顺利插入摇把孔，电源被切断，不经人工确认不得恢复接通，遮断开关功能良好。

(5)正常转换道岔时,滚珠丝杠动作平稳无噪声,摩擦联结器作用良好。

(6)速动开关通、断电作用良好。

(7)对机内各部进行清扫。

(8)检查锁闭块及锁舌状态:在终端位置,当检测杆指示缺口与指示标对中时,将锁闭块及锁舌顶入能够自动弹出,接点下注油孔及锁舌处注油(20＃以上润滑脂)。锁舌伸出量≥10 mm,如图4-99所示。

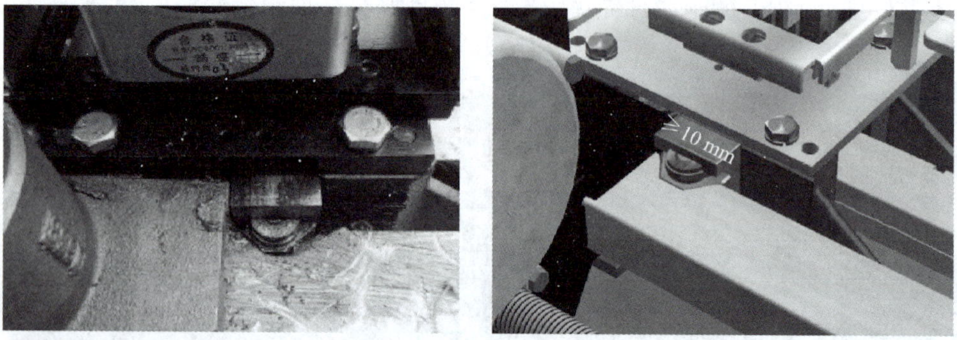

(a)　　　　(b)

图 4-99　锁闭块及锁舌

(9)滚珠丝杠、动作杆、检测杆、齿轮组、锁闭块、操纵板等均保持润滑,润滑材料采用规定类型的油脂;滚珠丝杠沿轴向的串动量≤1 mm。

(10)各部螺栓紧固良好。机内配线无损、固定良好。道岔缺口标志检查,确保整机内外一致。

3. 电缆箱盒内部检查

(1)箱盒防尘防潮良好,各部元器件安装牢固,防振性能良好,电缆不下沉。

(2)配线整齐,无断股损伤,插接端子牢固。

(3)道岔整流盒安装牢固,无过热现象。

(4)配线图纸清晰正确,端子及电缆走向铭牌标记清晰齐全。

(5)清扫灰尘和杂物,箱盒内保持清洁整洁、无杂物。封堵绝缘胶无龟裂,无废孔。

4. 调整、测试

(1)密贴调整、测试:道岔尖轨、心轨牵引点外锁闭中心线处,密贴尖轨与基本轨、心轨与翼轨间有4 mm及以上水平间隙时,不得锁闭道岔和接通道岔表示;牵引点之间的密贴检查器处有5 mm及以上水平间隙时,不应接通道岔表示。

(2)缺口调整:转辙机检测杆缺口调整为指示标对准检测杆缺口中央,距两侧各(2.0±0.5) mm。

(3)锁闭量测试:利用锁闭行程量规测量转辙机两侧各牵引点锁闭量并记录,最大差值不得超过2 mm。

(4)对道岔安装装置绝缘、电气特性等进行测试,并与以往数据进行对比,重点分析变化的数据,以便于发现设备潜在的风险。

5. 振动试验

对道岔进行振动检查,转换过程中,尖轨动作平稳、灵活、密贴,无别卡、无异声,缺口良好。

6. 设备复查

(1)对作业范围内的设备进行复查记录。

(2)作业结束,对工具、材料、仪表进行清点,确认无遗漏。

四、销记汇报

检修作业完毕,人员及作业机具全部下道后,由作业负责人向驻站联系人汇报,驻站联系人员方可办理销记并交付使用。

五、工作总结

(1)作业人员汇报当日工作完成情况、设备缺点克服情况及遗留问题。

(2)作业负责人总结当日作业情况、劳动安全作业纪律执行情况。

(3)对设备遗留问题录入问题库。

(4)填写检修相关记录。

【活动评价】

在学习完 S700K 型电动转辙机的检修后,每组同学分工扮演不同角色进行实操检修,相邻组派一名组员根据活动评分表 4-20 监督评分,事后监督员说出扣分缘由。

表 4-20　活动评分表

序号	主要内容	考核要求	配分	评分标准	得分
1	S700K 型电动转辙机检修	能正确使用工具、材料、仪表对 S700K 型电动转辙机检修	70	1. 工具、材料、仪表准备齐全,缺一件扣 2 分,共 10 分。 2. 工具、材料、仪表使用不正确,每次扣 2 分,共 10 分。 3. 损坏器材、工具、仪表,扣 10 分。 4. 未按照检修流程,扣 10 分。 5. 检修时测试数据不正确,每项扣 5 分,共 20 分。 6. 测试数据记录要求填写字迹清晰,记录不清楚,扣 10 分	
2	文明安全生产	劳保整齐,规范操作,出清收尾	30	1. 未正确佩戴劳保用品,扣 10 分。 2. 未规范操作,扣 10 分。 3. 工具物料未出清,扣 10 分	
合计(总分)			小组编号		

【任务评价】

项目名称			任务名称	
小组成员			综合评分	
学生自评	理论任务完成情况			
	序号	知识考核点	自评意见	自评结果
	1			
	2			
	3			

学生自评	训练任务完成情况			
	项目	内容	评价标准	自评结果
	训练准备			
	训练方法			
	质量考核			
	安全考核			
学习小组评价	团队合作□　动手操作能力□　信息获取能力□　交流沟通能力□ （根据完成任务情况填写：A 优秀；B 良好；C 合格；D 有待改进）			
教师评价				

【练习与思考】

1. 简述 S700K 型电动转辙机的动作过程。

____

____

____

____

2. 简述 S700K 型电动转辙机的检修过程。

____

____

____

____

参考文献

[1] 中国铁路总公司.铁路技术管理规程(普速铁路部分)[S].北京:中国铁道出版社,2014.

[2] 中国铁路总公司.铁路技术管理规程(高速铁路部分)[S].北京:中国铁道出版社,2014.

[3] 中国铁路总公司.普速铁路信号维护规则(技术标准)[S].北京:中国铁道出版社,2015.

[4] 中国铁路总公司.高速铁路信号维护规则(技术标准部分)[S].北京:中国铁道出版社,2016.

[5] 林瑜筠.铁路信号基础.3版.[M].北京:中国铁道出版社,2020.

[6] 吴广荣,张胜平.铁路信号基础设备运行与维护[M].成都:西南交通大学出版社,2021.

[7] 吴广荣,张胜平.铁道信号自动控制实训教程[M].北京:中国铁道出版社,2017.